RECHERCHES

SUR L'USAGE ET LES EFFETS

DES

BAINS DE MER,

COMPRENANT

L'HISTOIRE ABRÉGÉE DES FAITS PRINCIPAUX QUI ONT ÉTÉ OBSERVÉS
A DIEPPE PENDANT L'ANNÉE 1834.

PAR LE Dr GAUDET,

MÉDECIN INSPECTEUR DES BAINS DE MER DE DIEPPE.

> Marina aqua, et magnâ et variâ quâdam vi pollet: sed imperiti facilè ipsâ perperàm uti possunt.
> R. RUSSELL.

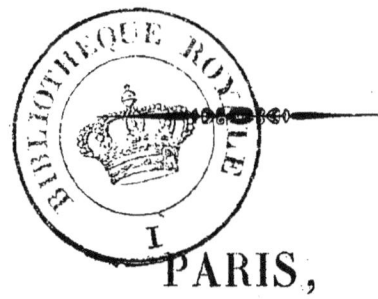

PARIS,

IMPRIMERIE DE FÉLIX LOCQUIN,
RUE NOTRE-DAME-DES-VICTOIRES, N° 16.

1835.

AVANT-PROPOS.

Je destinais ces Recherches à être lues devant l'Académie de Médecine ; j'ai attendu vainement mon tour d'inscription pendant un mois. Aujourd'hui, que des circonstances de position m'obligent à les publier, elles iront à leur but par une autre voie. Je me propose seulement de mettre sous les yeux des praticiens un *specimen* des modes variés d'emploi et d'action dont l'eau de mer est susceptible. Ce simple travail pourra donner une idée des ressources que cet argent, bien employé et bien observé, fournira plus tard à l'hygiène et à la thérapeutique. Déja quelques-uns de nos confrères commencent à les apprécier; j'ose leur dire ici que d'année en année des faits nombreux et nouveaux devront confirmer leur opinion. Le cadre que j'ai adopté dans ces quelques pages permet de donner place à tous ces faits, et je mettrai pendant chaque saison mes soins à y faire entrer tous les matériaux qui me sembleront propres à éclairer la question des bains de mer.

Paris, ce 1er avril 1835.

RECHERCHES

SUR L'USAGE ET LES EFFETS

DES

BAINS DE MER.

L'Angleterre, l'Allemagne et la Hollande possèdent depuis long-temps des ouvrages sur les bains de mer. Qui ne connaît les ouvrages classiques de Buchan et de Russell? Les travaux plus modernes de ces pays sont nombreux et ne me sont connus que par leur titre.

La France, au contraire, est pauvre en écrits sur les bains de mer. MM. Blot et Assegond ont publié quelque chose sur ce sujet en forme de *Manuel*. M. Roussel a donné quelques pages. M. Mourgué, le premier inspecteur de Dieppe, a essayé des travaux partiels. Le docteur J. Guérin, mon prédécesseur immédiat, n'a pu, à cause de ses occupations multipliées, fournir à la science les résultats de ses deux années d'inspection médicale.

Nommé médecin-inspecteur l'année dernière, j'ai passé à Dieppe toute la saison des bains, tenant compte de tous les faits que ma position m'a permis d'observer et de tous ceux que j'ai pu m'approprier hors de ma sphère d'action officielle, sur les différens modes et les différentes circonstances de l'administration des bains de mer et sur leurs effets hygiéniques et thérapeutiques.

Toutes ces observations sont les matériaux du travail suivant. Je m'estimerais heureux s'il servait à combler quelque peu la lacune qui existe chez nous dans l'histoire médicale des bains de mer.

PREMIÈRE PARTIE.

§ Ier.

Caractères physiques et chimiques de l'eau de mer.

Avant d'entrer en matière, je rappellerai d'abord les caractères physiques et chimiques de l'eau de la mer, caractères d'où découlent tous les effets qu'on a coutume d'observer chez les individus qui se mettent en contact avec elle.

1° L'eau de la mer est un liquide beaucoup plus dense que l'eau commune, comme le prouve sa pesanteur spécifique, qui est à celle de l'eau distillée :: 1,0289 : 1,000. Elle est tantôt calme à sa surface, tantôt agitée à des degrés variés qui s'expriment ainsi : *houles*, *lames*, *vagues*. Chacun de ces degrés offre lui-même des différences d'intensité : les mouvemens de la mer sont *faibles*, *assez forts*, *très-forts*.

La condition de la mer, soit à l'état de flux, soit à l'état de reflux, constitue probablement aussi un élément d'action qu'il ne m'est pas permis d'apprécier encore, faute d'un nombre de faits suffisant.

2° La température de la mer, tout en suivant les variations de celle de l'atmosphère, est loin d'offrir sur l'échelle du thermomètre des oscillations aussi considérables. Examinée jour par jour dans toute l'étendue du rayon de la mer pratiqué par les baigneurs, pendant les mois de juillet, d'août et de septembre de la saison dernière, elle a fourni les résultats suivans, comparés à ceux de la température atmosphérique de la plage la plus voisine :

TEMPÉRATURE DE LA MER.   TEMPÉRAT. ATMOSPHÉRIQUE.

Thermomètre de Réaumur.

		Minimum.	
Juillet...	+ 14° 1/2		+ 11° 1/2
		Maximum.	
	+ 15° 1/2		+ 16° 1/2
		Minimum.	
	+ 15°		+ 14° 1/2
Août....		Maximum.	
	+ 15° 1/2		+ 17° 1/2
		Minimum.	
	+ 13°		+ 11° et centièmes.
Septembre.		Maximum.	
	+ 15° 1/2		+ 19°

Ainsi, dans l'espace des trois mois de la saison des bains de mer, la température de la mer n'a varié que de + 13° à + 15° $\frac{1}{2}$, tandis que celle de l'atmosphère a oscillé depuis + 11° jusqu'à + 19°.

Ces observations thermométriques ont été poussées plus loin; elles ont été répétées à différentes heures de la journée. Il en est résulté que le *minimum* de la température de la mer pour chaque jour s'est rencontré le matin avant onze heures, et son *maximum* depuis midi jusqu'à cinq heures du soir. La température atmosphérique observée sous le même point de vue, a donné lieu à la même résultante.

3° Les analyses chimiques de l'eau de mer qui ont été faites dans ces derniers temps y ont constaté les élémens suivans :

Hydrochlorate de soude (en proportion dominante);
Hydrochlorate de chaux;
Hydrochlorate de magnésie;
Sulfate de soude;
Un peu de gaz acide carbonique;
Traces d'hydriodate.

§ II.

Différens modes d'administration de l'eau de mer.

Les différens modes d'administration dont l'eau de mer est susceptible sont : à l'extérieur, le bain froid pris à la mer, le bain chauffé, l'affusion froide sur une partie ou sur la totalité du corps, les douches descendantes, les pédiluves, les lotions; à l'intérieur, la boisson, les lavemens, les injections, les douches ascendantes.

1° *Administration du bain de mer proprement dit.* La manière de mettre le corps en contact avec l'eau de mer, d'administrer *le bain de mer* en un mot, n'est point aussi indifférente qu'on pourrait le supposer d'abord. Plusieurs manières de se baigner sont usitées. Les unes ont plus d'avantages que les autres; il en est qui ont des inconvéniens réels : il est utile de les étudier.

α Le mode d'administrer le bain souvent employé, et sans contredit l'un des meilleurs, qui n'est guère applicable que si la mer est calme ou ses vagues peu fortes, est celui-ci : le guide prend sur les bras celui qui doit se baigner, le porte dans la mer jusqu'à une certaine distance, et fait passer tout son corps sous l'eau en lui plongeant la tête la première : il lui fait ainsi parcourir un certain espace *entre deux eaux*. Cette manœuvre est répétée un plus ou moins grand nombre de fois, selon l'indication : on l'appelle une *immersion*. Cette méthode effraie beaucoup de personnes et fait éprouver à quelques-unes un trouble général, dont elles se remettent avec peine ; ce qui la met dans le cas d'être remplacée par l'une des méthodes suivantes.

β Une seconde manière qui se rattache à la précédente, qui exige aussi dans son emploi certaines conditions de la mer, mais qui n'a pas comme elle l'avantage de causer à celui qui la subit un certain degré de crainte et de saisissement, consiste à faire plonger le baigneur en appuyant sur ses épaules, tandis qu'il reste allongé sur le dos, *faisant la planche*.

γ Dans le troisième mode de se baigner, qu'il faut regarder comme vicieux dans plusieurs cas, le guide conduit et fait entrer lentement et progressivement le baigneur dans la mer, jusqu'à ce que l'eau soit parvenue à une certaine hauteur de son corps. Là il demeure immobile tout le temps du bain, ou de temps en temps il se bouche les oreilles, se baisse et plonge sa tête jusqu'à son entière immersion, ou bien seulement il se contente d'asperger d'eau les parties qui sont restées à découvert.

δ Si la mer est très agitée, si les vagues sont hautes et fortes, toutes ces méthodes d'immersion se résolvent en une seule.

Le baigneur, maintenu par son guide, présente à la lame qui arrive sur lui la partie latérale ou postérieure du tronc, en est submergé un instant, jusqu'à ce qu'une nouvelle lame vienne de nouveau passer au-dessus de sa tête. C'est là le véritable *bain à la lame*, lequel réunit tous les avantages qu'on peut demander au bain de mer. Quand le nombre des immersions a été suffisant, le baigneur en évite de nouvelles en s'élevant par un saut rapide au-dessus de chacune des vagues qui se succèdent vers lui.

Si le bain de mer est administré avec ces dernières conditions aux enfans gibbeux par carie des vertèbres, les chocs trop rudes de la lame développent dans les parties déformées des douleurs souvent très vives. On les leur épargne en les faisant porter par le guide, qui les présente à la vague par les pieds, et non par la partie postérieure du tronc. Il en est de même chez les femmes qui ont un engorgement utérin, actuellement accompagné de phénomènes d'irritation locale. On doit leur recommander de soustraire l'abdomen à l'action mécanique de la vague. Certains individus névropathiques de la tête se trouvent étourdis pour plusieurs heures, s'ils n'ont pas soin de la préserver de cette action.

ε On peut faire encore quelquefois une application rationnelle de l'eau de la mer, prise comme liquide en mouvement, en exposant sur la plage de jeunes sujets affectés de carie scrophuleuse du pied, de manière que celui-ci reste soumis un certain temps au choc de la vague qui vient battre la grève.

ζ Tout ce qui vient d'être dit sur les différentes manières d'administrer les bains de mer, s'applique uniquement aux enfans et aux femmes qui, faibles et craintifs à la fois et privés des ressources de la natation, et aux hommes qui, débiles et souffrans, ou ne sachant pas non plus nager, ont besoin de pratiquer la mer à l'aide d'un guide. Quant à ceux qui sont doués d'assez de force et sont capables de se livrer à la natation, ils remplissent le temps du bain par tous les mouvemens propres à cet exercice pris à la mer, à moins que certaines indications particulières ne les astreignent à prendre le bain à la lame tel qu'il a été décrit.

2° *Bains de mer chauds.* Ils s'administrent ordinairement à la température de $+25°$ à $26°$ qu'on abaisse jour par jour jusqu'à celle de $+20°$ ou de $+18°$. Quelquefois le baigneur entre dans l'eau à $+25°$ et la fait descendre, séance tenante, jusqu'à $+18°$ ou $20°$. Ces derniers degrés ne sont pas praticables pour tous; au dessous, il est rare qu'ils puissent être supportés. — La durée d'un bain se fixe depuis 10 minutes jusqu'à une demi-heure.

Les bains de mer chauds se donnent toutes les fois que certaines conditions de l'âge, de la maladie, de la susceptibilité et du moral des baigneurs et de l'état atmosphérique empêchent de pratiquer la mer.

Ainsi, on les administre aux enfans très jeunes, aux vieillards et à ceux que les bains froids effrayent au plus haut degré. Parmi ces derniers, il arrive souvent que la vue de la mer, l'habitude de respirer chaque jour l'air marin, l'exemple des autres baigneurs, et le contact de l'eau de mer à une basse température dans la baignoire, parviennent au bout de quelque temps à surmonter une partie de leur répugnance, et les amènent à désirer de tenter les bains de mer.

D'autres fois, les individus reçoivent de ceux-ci une première impression telle, qu'on est obligé de les leur faire cesser, ou bien, en raison de leur constitution et de la nature de leurs affections, on redoute les effets de cette impression. Dans le premier cas, les bains de baignoire remplacent ceux de la mer; dans le second, ils ne sont qu'un moyen de transition. En effet il n'est pas rare qu'alors la mer paraisse moins froide que les 18 à 20° † 0 de l'eau marine chauffée.

L'excitation générale produite par l'eau de la mer, envisagée à la fois comme composé chimique, comme liquide froid et communiquant une impulsion mécanique aux organes augmente parfois une irritation locale, celle de la matrice par exemple, dans de certains états d'engorgement de son col ou d'abaissement de son corps. De là, l'aggravation des douleurs de l'utérus, de la région lombo-sacrée, des aines et des cuisses, qui sont habituelles aux malades. Dans ces cas l'eau de mer chauffée, causant moins de stimulation générale, développe aussi moins de douleurs locales et sympathiques. Elle offre alors quelques-uns des avantages des bains froids, sans en avoir les inconvéniens.

Les mêmes raisons, dans quelque cas de névralgie des nerfs périphériques ou viscéraux, ont fait alterner les bains de mer à la lame, avec les bains d'eau commune presque froids. Un malade fut obligé de descendre, pour éviter une excitation générale trop forte, jusqu'à prendre des bains de mer tièdes coupés avec de l'eau commune, lesquels furent progressivement ramenés à l'eau de mer sans mélange.

3° *Affusions d'eau de mer.* L'usage des affusions d'eau froide remonte aux temps de l'antiquité grecque. Depuis le milieu du siècle dernier, il a été expérimenté de nouveau et les médecins de l'Europe et de l'Amérique du Nord ont eu de nombreuses occasions de constater ses bons effets dans les maladies aiguës de l'encéphale et de ses annexes, dans les fièvres avec prédominance des symptômes nerveux et dans les fièvres éruptives.

L'application des affusions d'eau de mer indiquée par M. Mourgué, a été depuis généralisée par M. Jules Guérin, avec un succès souvent répété par son successeur. Ces affusions sont destinées à fournir désormais une ressource précieuse contre une foule de cas, comme la suite de ces recherches en fournira la preuve.

L'opération des affusions consiste à verser avec une certaine lenteur sur la tête nue ou recouverte d'un serre-tête de taffetas ciré, une quantité déterminée de seaux d'eau de mer. Les affusions s'administrent, seules ou concurremment avec les bains *à la lame*, ou bien pendant le temps d'un bain d'eau de mer chauffée. Dans le premier cas la personne se tient debout ou agenouillée sur le bord de la mer et reçoit sur la tête le nombre prescrit de seaux d'eau. Si elle doit simultanément prendre le bain et recevoir l'affusion, ce nombre se partage également entre le moment qui précède l'entrée dans la mer et celui qui suit la sortie. Dans le second cas, les affusions se divisent de même entre les premiers et les derniers instans du bain de mer et consistent à verser sur la tête une suite de seaux lesquels sont remplis successivement au robinet d'eau froide qui alimente la baignoire. La première moitié des affusions est accompagnée d'un saisissement général et d'un vif sentiment de froid, la seconde cause beaucoup moins d'impression; quelques personnes n'en éprouvent presque aucune sensation.

L'administration et le nombre des seaux qui doivent composer les affusions sont réglés d'après les données et les circonstances suivantes :

1°. Les affusions en général ne doivent jamais s'administrer sans une indication particulière fournie, soit par l'état présent de la santé des individus, soit par quelque modification morbide produite chez eux par l'effet du bain de mer.

2°. Malgré l'existence de ces indications il est un certain nombre de ces individus auxquels les affusions causent une impression trop vive pour qu'on doive les leur continuer.

3°. On doit augmenter graduellement la quantité des seaux composant chaque affusion, en commençant par un ou deux, et en n'allant pas au delà de seize à vingt.

4°. Le nombre des seaux de l'affusion administrée dans les cabinets, doit être moins considérable que celui de l'affusion à l'air libre, en raison de l'inégalité de température qui existe entre l'eau qu'elles fournissent et l'eau que contient la baignoire et en raison de l'immobilité où se trouve nécessairement retenu celui qui la reçoit.

Les cas particuliers qui réclament l'usage des affusions sont :

Les amauroses commençantes, les différentes lésions de sensibilité de la rétine, les céphalées fixes ou erratiques, périodiques ou irrégulières; toutes les variétés de l'hémicranie et les divers degrés de la paraplégie et de l'hémiplégie.

Toutes ces affections les réclament nécessairement, soit qu'elles se montrent liées à un état congestionnaire sanguin ou à une lésion organique des centres nerveux, soit qu'elles tiennent à une lésion simple de leur sensibilité.

Dans tous ces cas, les affusions amènent des résultats qu'on attendrait en vain des bains de mer seuls. J'ai vu une violente migraine, revenant tous les deux ou trois jours et s'accompagnant de nausées, céder à quelques affusions après avoir résisté à seize bains de mer.

Un certain nombre de personnes par le seul fait du bain de mer, ou par cela seul qu'elles y sont entrées trop lentement, ou qu'elles y ont demeuré trop longtemps, éprouvent une congestion sanguine de la tête. Ordinairement pléthoriques ou sujettes aux céphalalgies, elles sont prises chaque fois en sortant de la mer de maux de tête, d'étourdissemens quelquefois accompagnés d'une congestion faciale très marquée et qui dure souvent plusieurs heures. Je me suis vu en pareille circonstance obligé de recourir à une émission sanguine; mais presque toujours les affusions suffisent à empêcher le retour de ces accidens, excepté dans certaines idiosyncrasies particulières. Ainsi les bains n'ont cessé de donner de violentes congestions céphaliques que le jour où la personne qui les éprouvait eut l'idée de les prendre sans se mouiller la tête. Elle se contentait en entrant dans l'eau de se mouiller l'épigastre avec une éponge.

D'autres individus éminemment nerveux, éprouvent aussi des étourdissemens après quelques bains de mer. Ce genre d'accident est accompagné de trouble de la vue et d'une altération sensible de la transparence de la cornée, que je ne puis mieux comparer qu'aux effets de la belladone à trop grande dose. Les affusions ne sont point un remède à cette classe d'individus.

Après le bain de mer, on peut faire affusionner chaque jour avec avantage les articulations *nouées* par le rachitisme ou *relâchées* par les scrophules, ainsi que les ankyloses résultànt d'une carie fistuleuse cicatrisée. On a soin seulement que les parties malades reposent sur un coussin de paille.

4°. *Douches d'eau de mer*. L'établissement de Dieppe offrira cette année un appareil de douches descendantes convenable, quant à son mode d'application et à l'intensité de sa colonne d'eau.

A toutes les températures les douches peuvent être appliquées avec un succès marqué, sur les articulations tibio-tarsiennes engorgées d'une manière indolente, par suite d'anciennes entorses, ou qui offrent quelques vestiges de rachitisme et de scrophules; sur des membres endoloris et claudicans, par suite d'anciennes lésions traumatiques; sur la colonne vertébrale et les membres des individus affectés de paraplégie et d'hémiplégie ou de lombago chronique et de ces accidens auxquels on a donné le nom de *coup de fouet*; sur la partie postérieure et médiane du tronc, chez les enfans qui présentent une laxitité anormale de l'appareil ligamenteux des vertèbres; sur l'hypogastre, la région sacrée et le périnée, contre des blennorrhées, des *profluvia seminis* et des incontinences d'urine qui ont résisté à tout ; sur des portions du canal intestinal habituellement dilatées par des gaz.

5°. *Lotions; pédiluves d'eau de mer*. On emploie les lotions contre l'inflammation chronique des glandes de Meïbomius et les pédiluves, contre les congestions céphaliques et les retards menstruels occasionnés par l'usage du bain de mer.

6°. *Usage intérieur de l'eau de mer. Boisson*. On donne à boire l'eau de mer aux personnes habituellement constipées ou qui le sont devenues, comme il est si ordinaire de le voir, sous l'influence des premiers bains ; aux personnes auxquelles ceux-ci causent des congestions céphaliques ou bien à celles qui sont naturellement congestionnées ou souffrantes d'hémorrhoïdes ; aux jeunes filles chlorotiques et aux enfans scrophuleux. Les individus jeunes ont besoin de prendre un demi-verre ou un verre d'eau de mer coupé pour obtenir des garderobes. Un verre et demi à deux verres sont nécessaires aux adultes. Les enfans sont relâchés avec deux ou trois cuillerées.

L'eau marine est un laxatif doux, bien assorti à l'usage externe qu'en font les baigneurs. On répète la dose selon le besoin. J'en ai fait prendre aux enfans scrophuleux deux fois par semaine régulièrement. Il est ordinaire de la boire avant le bain du matin. Ce qui est à peine croyable, c'est que malgré sa saveur saumâtre et pleine d'amertume, elle n'est jamais rejetée par le vomissement et n'inspire bientôt plus aucune répugnance au buveur.

7°. *Lavement d'eau de mer*. Un demi lavement gardé quelques minutes est un évacuant sûr des voies intestinales. Des constipés d'habitude obtiennent par ce moyen des selles spontanées pendant plusieurs jours.

8°. *Douches ascendantes; injections d'eau de mer*. Elles sont utilement pratiquées dans les variétés de la leucorrhée, dans les déplacemens de l'utérus et dans les engorgemens du col de cet organe, pourvu que les parties ne soient point actuellement le siège d'un travail phlogistique.

§ III.

Circonstances principales de l'administration des Bains de mer.

1°. *Durée du bain de mer*. Les baigneurs qui arrivent à Dieppe sont trop souvent persuadés que la durée du bain de mer peut se déterminer indifféremment d'après leur instinct personnel, d'après le bien-être qu'ils éprouvent dans l'eau, ou d'après le moment de l'invasion du second frisson. On en voit même souvent qui dans la pratique perdent de vue ces règles tout erronées qu'elles soient, en prolongeant le temps du bain jusqu'à mettre leur visage dans un véritable état de cyanose. La plupart des médecins eux-mêmes ne paraissent pas exempts de quelque erreur à cet égard; car, ou ils laissent ceux qu'ils envoient à Dieppe libres de se diriger d'après les données fausses que je viens de signaler, ou bien ils règlent le temps qu'ils doivent rester à la mer, d'après une mesure qui dépasse le plus souvent ce qu'il est rationnel d'accorder sur ce point.

La question de la durée des bains de mer est pratiquement la plus importante de toutes celles qui sont relatives à leur administration. Je me suis efforcé de l'éclairer d'après tous les faits qui se sont offerts à moi. J'ai dû d'abord m'avancer avec réserve dans cette route; après trois mois d'observations journalières, mon opinion sur la durée des bains de mer est restée fixée de la manière suivante :

1°. Les enfans faibles ou très-jeunes ne doivent prendre que des bains très courts. (une à trois minutes.)

2° Les femmes d'un tempérament nerveux, amaigries, trèsdébilitées, ne doivent jamais les prolonger au-delà de quatre à cinq minutes. Sous l'empire de telles conditions organiques, on'est obligé quelquefois de limiter l'usage du bain pour quelques unes d'elles à une seule, à deux ou à trois immersions au plus.

3°. Les individus encore jeunes, assez forts, peu excitables, exempts de maladies organiques, peuvent rester à la mer de cinq à huit minutes.

4°. Les adultes robustes, d'un tempérament sanguin ou lymphatique, qui sont munis d'embonpoint et se nourrissent amplement, supportent la mer, sans inconvéniens, de huit à douze minutes.

Les Anglais, qui sont nos prédécesseurs dans la pratique des bains de mer, limitent encore plus rigoureusement que je ne viens de le faire leur durée relative.

Dès les premiers pas que je fis dans cette carrière, j'eus à observer les suites fâcheuses qu'entraîne, dans la plupart des cas, la prolongation du bain de mer. Chez les enfans, des bronchites, chez les adultes, des douleurs rhumatismales, étaient le résultat ordinaire d'un abus de ce genre. Dès-lors, je ne permis plus, même aux baigneurs placés dans les meilleures conditions de santé, de dépasser ce terme de huit à douze minutes. Il est préférable, comme il sera dit, de faire répéter le bain de mer deux fois dans la même journée, mais jamais plus.

La méthode des bains courts n'a pas les inconvéniens nombreux de la méthode opposée ; elle est d'ailleurs la seule qui puisse faire du bain de mer un agent hygiénique et thérapeutique d'une patente efficacité. Elle offre moins d'attraits sans doute aux baigneurs; mais mon but n'est pas de considérer les bains de mer comme exercice d'agrément.

Diverses circonstances peuvent servir à modifier la durée du bain de mer. Ainsi, il est de règle en général de l'augmenter, à mesure que le corps contracte l'habitude de son impression, et à mesure que les effets physiologiques de cette impression s'atténuent. Les hommes, eu égard à la pratique du *nager*, à laquelle ils se livrent le plus souvent, eu égard à leur obtusité nerveuse, doivent séjourner à la mer plus long-temps que les femmes. De toute nécessité, le temps du bain doit être restreint plus que de coutume pour tous les sujets, si la mer est agitée et si les vagues sont très-fortes, ou si la température atmosphérique s'est refroidie.

J'ai dit déjà qu'il était parfois praticable, et je dirai même convenable, de doubler le bain de mer dans la même journée, sans jamais aller au-delà. Pourtant un jeune homme bien portant, toutefois presque idiot, put aller impunément trois fois par jour à la mer, et y demeurer une demi-heure chaque fois; mais aussi, chez une dame adulte et forte, trois bains de quelques minutes, pris dans la même journée, amenèrent un accès fébrile très violent dans la nuit suivante.

2° *Époques de l'année où il est convenable de venir aux bains de mer.* Les médecins jugeant que les bains de mer n'ont tous leurs avantages qu'à l'époque des grandes chaleurs, pendant les jours caniculaires de l'été, ont l'habitude de les conseiller depuis le 15 juillet jusqu'au 1er septembre, rarement au-delà. J'ai tâché d'étudier aussi les bains de mer sous ce point de vue, en comparant mes observations particulières dans tous leurs détails et en tenant compte de la différence des effets produits, selon que les sujets qui m'ont fourni ces observations s'étaient baignés pendant les mois de juillet et d'août, ou pendant le mois de septembre. Je crois être autorisé à établir les considérations suivantes :

1° Pendant les jours caniculaires, l'eau de la mer, comme on l'a vu, parvient à son plus haut degré de température. Cette condition rend alors les bains éminemment convenables aux enfans et aux personnes débilitées.

2° Dans le mois de septembre l'abaissement de cette température paraît augmenter l'efficacité des bains de mer pour ceux qui ont besoin surtout d'une grande *sédation*. C'est le cas des individus que caractérisent l'embonpoint ou la pléthore sanguine, et qu'affectent les névroses non accompagnées d'affaiblissement. J'ai vu plusieurs de ces baigneurs, après avoir pris les bains de ce mois et ceux des mois précédens, arriver, par leurs propres sensations, à reconnaître eux-mêmes la supériorité des uns sur les autres. Les Anglais, qui paraissent avoir fait cette remarque, ne commencent la saison des bains de mer qu'en septembre et la prolongent en octobre et même en novembre.

Il reste maintenant à décider si les bains du mois de septembre, efficaces dans des circonstances données, ne seront pas nuisibles pour les cas nombreux qui ne rentrent pas complètement dans ces circonstances ou qui s'en éloignent tout-à-fait. D'abord il n'y a nullement à douter des avantages absolus de cette espèce de bain pour ceux qui, ayant débuté à une époque précédente, se trouvent affranchis déjà par l'habitude des effets de l'impression première de l'eau de mer. Quant à la majorité des individus auxquels on voudra, pour la première fois, faire commencer les bains de mer pendant le mois de septembre, je ne suis pas moins convaincu de leur innocuité et de leur utilité, à la condition qu'ils seront convenablement modifiés quant à leur durée. Il reste donc un petit nombre de sujets à qui ces bains doivent être spécialement défendus, à cause de leur âge ou de leur état d'affaiblissement.

Ces résultats sont fournis par les faits. De ce qu'ils sont mal connus ou mal appréciés par les praticiens, il n'est pas hors de mon sujet de dire un mot des causes qui éloignent des bains de mer les baigneurs ou les empêchent d'y arriver dès les premiers jours de septembre. Il y en a deux principales : le refroidissement de la température de la mer qui rend moins agréable la pratique des bains de mer, et les variations de l'atmosphère qui contrarient les promenades et les distractions ordinaires pendant les beaux jours.

Je dirai d'abord que cette année, comme toutes les années à chaleur constante, a déjà donné un ample gain de cause aux raisons par lesquelles il est possible de combattre la part qu'on accorde à ces deux influences dans les déterminations qui empêchent de venir ou d'envoyer sur les bords de l'Océan. Effectivement le *minimum* de la température de la mer dans le mois de septembre était de $13° 1/2 + 0$, et il n'était que de $14 + 0$ pendant les mois précédens. D'un autre côté, la température atmosphérique s'est élevée plus haut dans le premier mois que dans les seconds.

Il ne faut donc parler que des années communes où la mer perd davantage de sa température et où le mois de septembre apporte avec lui, à la fois, un abaissement de la température de l'atmosphère et des variations dans ses conditions météorologiques. D'après les observations faites pendant la saison dernière sur les relations des *minima* de la température de la mer et de l'atmosphère, relations que j'ai quelques raisons de croire constantes durant les mois de juillet, d'août et de septembre de toutes les années, on est en droit d'admettre que jamais la température de la mer ne s'abaisse beaucoup plus aux mêmes époques. Ainsi la différence de celle-ci, qui rend au baigneur l'eau moins agréable dans le mois de septembre, comparativement aux mois précédens, ne consiste qu'en deux degrés et demi en moins. Cette différence ne peut arrêter le praticien dans la plupart des cas, surtout s'il est prouvé que l'inconvénient léger de la sensation plus vive de froid qu'elle fait éprouver au baigneur, est compensé par la diminution du temps qu'elle doit durer et par les conditions nouvelles d'efficacité qu'on a le droit d'en attendre.

Quant aux changemens de la température atmosphérique, une circonstance qui en atténue les désavantages, c'est que l'action première des bains de mer est bientôt d'y rendre le corps moins sensible. Et d'ailleurs, ce qu'après cela, l'état de l'atmosphère renferme de contraire sous ce rapport, s'évite facilement par l'addition ou la modification de quelque vêtement.

Si communément les promenades sont moins praticables, si les distractions sont plus restreintes dans le mois de septembre, c'est le cas pour le baigneur de prendre son parti, quand il s'agit pour lui d'un intérêt de santé, et pour le praticien de considérer exclusivement l'application du bain de mer dans ses rapports thérapeutiques. D'ailleurs l'absence de ces plaisirs, sur lesquels chacun compte aux bains de mer, comme aux Eaux minérales, ne tient pas seulement aux conditions de l'atmosphère, elles tiennent encore plus peut-être à ce que la foule s'enfuit à cette époque et qu'elle n'est pas remplacée par de nouveaux arrivans. Si, comme en Angleterre, il passait dans nos habitudes de demeurer ou d'être envoyés aux bains de mer à l'époque que nous appelons l'arrière-saison, les plaisirs de la société continueraient d'y offrir des ressources suffisantes contre les ennuis des mauvais temps.

D'après tout ce qui précède, je crois qu'il serait praticable et avantageux d'établir, pour chaque année, l'époque des bains de mer depuis le 25 juin jusqu'au 25 septembre, et de diviser cet espace de temps en trois périodes ou saisons d'un mois chacune. Ai-je besoin d'ajouter qu'en proposant ce temps ainsi fixé et divisé, je suis loin de prescrire, pour les années qui ressembleront à celle qui vient de s'écouler, les bains qu'on serait dans le cas de conseiller plus tôt ou plus tard?

Ces divisions, dira-t-on, sont toutes arbitraires ; mais du moins on ne niera pas qu'elles ne soient fondées sur de réelles conditions de la température de la mer et de l'atmosphère, et sur la distinction des époques de l'année, où l'on a l'habitude en France de quitter les villes ou le *chez soi* par besoin de santé ou de distraction ou par cessation des affaires.

3° *Heures de la journée où il est convenable de prendre les bains de mer.* Après avoir fixé le temps de l'année où il est propice de se baigner à la mer, il faut déterminer aussi l'heure de la journée où il est le plus convenable de le faire.

Dans le grand nombre de cas qui rendent les bains du mois de septembre préférables à ceux du mois précédent, les mêmes raisons qui ont été exposées à ce sujet, veulent qu'on se baigne le matin, depuis sept heures jusqu'à onze : ce sont les instans de la journée où l'atmosphère et la mer sont à leur plus basse température. Dans tous ces cas, s'il y a parfois nécessité, il y a toujours utilité de choisir ces heures de la matinée. Celles-ci donc sont applicables à la plupart des baigneurs. Le milieu du jour doit être pratiqué par ceux qui craignent le bain, qui sont impressionnables outre mesure à sa première action et qui se réchauffent avec peine.

4° *Nombre des bains de mer composant une saison.* Il ne peut être fixé d'une manière absolue. Une saison passée à Dieppe suppose qu'on a pris de vingt à vingt-cinq bains de mer ; elle en suppose de trente à quarante, selon qu'on a permis de les doubler quelquefois ou le plus souvent. Le plus grand nombre des personnes peuvent ne rester qu'une saison. Dans quelque cas que ce soit, moins de vingt bains ne peuvent guère amener de résultats réels. Le baigneur qui est libre d'affaires ou qui vient chercher la guérison d'une de ces maladies qui réclame les bains de mer aidés du temps, restera deux saisons ; ce qui équivaut à soixante-dix ou à quarante bains, selon qu'ils seront ou ne seront pas doublés chaque jour. Seulement il sera rationnel qu'il mette quelques jours de repos entre ses deux saisons. Dans la majorité des cas, *le maximum* du chiffre des bains aura atteint le but que l'art se propose, ou les bains de mer ne seront pas destinés à l'atteindre. Seulement les maladies scrophuleuses des articulations peuvent continuer de s'améliorer sous l'influence de vingt-cinq ou trente bains de plus. D'un autre côté la crainte de réveiller des symptômes pectoraux habituels aux baigneurs, peut empêcher d'aller au delà de quinze à vingt bains.

5° *Hygiène à suivre avant le bain de mer et durant le temps de la saison.* Ne se mettre jamais à la mer que trois ou quatre heures après le repas, est une précaution hygiénique qu'on ne peut impunément négliger dans aucun cas. Les baigneurs opposent à cette règle l'exemple des guides qui entrent dans l'eau en toute circonstance, sans en éprouver de mal. L'exemple est mal choisi : l'habitude a rendu nulle chez ces hommes la perturbation que produisent les conditions d'un bain de mer chez tous les autres. J'ai vu une dame tomber en syncope dans son bain pour avoir mangé une minime quantité de pain, avant d'y entrer. Un homme de la ville s'étant baigné après un repas où il avait fait de copieuses libations de cidre, périt à deux pas du rivage.

Marcher après le bain, autant que les forces le permettent, est l'unique moyen de faire profiter l'organisme de la plénitude de ses effets. Quelques-uns se trompent à ce point de rentrer chez eux et de se mettre dans un lit chauffé.

A Dieppe, il est une pratique usitée par les baigneurs, pratique vicieuse de tous points, et de laquelle j'ai vu naître une foule d'accidents. Par tous les temps, à toutes les heures et surtout le soir, ils ont l'habitude de venir s'asseoir en face et sur le bord de la mer. Sur les côtes de l'Océan, dans la plus belle saison de l'année, il s'élève comme on sait, à la fin de la journée, une brise refroidie qui est d'autant plus nuisible, qu'à l'époque dont je parle, les spectateurs assis commettent trop souvent l'imprudence de se vêtir à la légère. Le corps qui a pris les bains de mer a bien véritablement acquis plus de résistance aux effets des changemens de l'atmosphère ; mais c'est à la condition que l'exercice le secondera dans cette lutte, sans quoi sa résistance sera vaincue le plus souvent. Rien n'est commun comme de voir des

des névralgies faciales, des douleurs rhumastimales des épaules et de l'épicrâne, des angines et des bronchites, faire expier aux baigneurs le plaisir de *prendre le frais*. Porter des vêtemens chauds le soir, et à cette heure ne s'exposer au vent de la mer qu'en faisant de l'exercice, tels sont dans ces circonstances les deux préceptes d'hygiène indispensables. L'exercice d'ailleurs est plus nécessaire à Dieppe qu'ailleurs ; car on a besoin de réagir par lui contre le froid du bain et de dépenser le surcroît d'activité qu'on en reçoit.

La vie alimentaire et sociale est à Dieppe munie de ressources qu'on retrouve difficilement ailleurs ; et les personnes qui se rendent à ses bains sont en général au nombre de celles à qui ces ressources sont surtout nécessaires.

§ IV.

Effets physiologiques des Bains de mer.

Ils se divisent en ceux qui accompagnent le bain (effets immédiats) et en ceux qu'on observe après lui (effets médiats).

A. *Effets immédiats.* Je ne décrirai point minutieusement tous les phénomènes physiologiques que l'organisme présente sous l'influence de l'impression première des bains de mer, parce qu'ils ont été étudiés partout où l'on a traité des effets immédiats des bains d'eau froide. Le plus important de ces phénomènes à considérer, comme on sait, c'est le sentiment du froid, c'est le frisson qui se fait sentir en entrant, se dissipe bientôt après et revient après un temps variable (frisson secondaire).

Le grand nombre d'individus que j'ai observés, m'ont offert sous ce rapport de telles différences, que j'ai cru intéressant de les classer ici en catégories, suivant la mesure de leur sensibilité à l'action immédiate du bain de mer, et la mesure de résistance qu'ils opposent à son impression secondaire. L'intensité de l'impression première et instantanée, et l'intervalle de temps qui la sépare de la seconde, établissent entre les baigneurs une sorte d'échelle de tolérance individuelle, laquelle peut servir à déterminer quelquefois d'une manière précise la durée qu'on doit donner au bain de mer.

1° Les uns n'éprouvent presque aucune impression en entrant dans la mer. Leur visage ne se décolore point ; leurs traits restent calmes. Ils peuvent demeurer une demi-heure à une heure dans l'eau sans ressentir le frisson secondaire. Ce sont des individus jeunes ou adultes, sains et vigoureux, caractérisés par l'embonpoint et un développement marqué du système vasculaire périphérique, ou bien qui ont l'habitude des bains de rivière ou des bains froids domestiques. Beaucoup de jeunes personnes envoyées de Paris à Dieppe se trouvent dans ce dernier cas. Il y a lieu d'être frappé de la promptitude des phénomènes réactifs qui suivent le bain de mer chez ces personnes.

2° Les autres, au contraire, ressentent une vive impression de froid, accompagnée de saisissement général et de constriction suffocante du thorax et de l'épigastre. Leur visage pâlit et leurs traits se contractent. Le refoulement sanguin de la périphérie au centre leur occasionne des palpitations ou un sentiment de chaleur interne de la poitrine. Ces modifications cessent plus ou moins promptement et sont suivies même d'un état de bien-être. Dans ces cas, le second frisson est très variable dans son invasion : l'instant qui le sépare du premier varie depuis cinq minutes jusqu'à un quart d'heure. Cette catégorie renferme le plus grand nombre des individus. Ceux que le frisson secondaire atteint le plus tard, sont en général des adultes ou des jeunes gens bien portans; ceux qui le ressentent après quelques minutes sont des individus affaiblis par des souffrances passées ou actuellement existantes.

Dans ces deux premières catégories d'individus, l'impression de l'air extérieur est presque nulle en sortant du bain; la réaction se fait franchement. La plupart éprouvent un sentiment de chaleur générale et de bien-être, et un surcroit d'appétit. Souvent on voit des personnes courbaturées par un exercice immodéré sortir du bain avec un état d'énergie musculaire inaccoutumé. Il semble à quelques-uns que leur poitrine se dilate plus amplement. Ceux qui ont habituellement la circulation très-active ressentent de légers vertiges ou quelques bourdonnemens d'oreilles. Après s'être habillés, ces individus éprouvent à la surface cutanée et quelquefois sur une partie isolée, comme le thorax, l'un des côtés de la tête, le scrotum, un sentiment de chaleur agréable, brûlante ou même cuisante, tandis que la peau de ces parties donne à l'observateur une sensation de fraîcheur. Ces phénomènes de réaction, quant à leur promptitude et à leur intensité, sont en raison directe de la moindre durée du bain et aussi de certaines conditions de la constitution individuelle. Ainsi la réaction est prompte et énergique chez les individus sanguins; elle est rapide dans l'enfance; elle est plus lente chez les lymphatiques et ordinairement longue à s'établir chez les nerveux.

Il est des baigneurs qui ont absolument besoin de marcher pour se réchauffer. D'autres conservent quelque temps l'une des mains dans un état d'exsanguinité particulier, qu'on ne peut mieux comparer qu'au premier degré de la congélation d'une partie du corps ; j'ai constaté dans ce cas une différence notable dans le calibre de l'artère radiale de ce côté. Parmi les enfans, ceux qui sont trop jeunes ou trop infirmes pour marcher, ne s'en réchauffent pas moins de suite ; mais ils se refroidissent après, ou bien ils conservent long-temps les extrémités froides.

3° Quelques-uns sont saisis par un sentiment de froid très vif qui leur arrache des cris. Ils présentent bientôt une coloration violacée de quelques parties du visage et une altération profonde des traits. Tantôt le frisson disparaît pour revenir au bout de trois ou quatre minutes, tantôt le baigneur reste dans l'immobilité, en proie au malaise et aux angoisses de ce frisson pendant tout le temps de son séjour dans l'eau. Il en sort en grelottant et en horripilant de tout le corps et en claquant des dents, et il n'est pas rare qu'il conserve un sentiment de froid général et une teinte violacée des lèvres, après avoir été frictionné avec un liquide spiritueux, après s'être vêtu et avoir marché. Les individus éminemment nerveux, les paraplégiques, ceux qui sont au moment d'une croissance rapide, les personnes qui touchent à la vieillesse et celles qui viennent à la mer en sortant de faire une saison aux eaux thermales, composent cette catégorie. L'idée de se baigner à la mer ne cesse de leur causer une invincible répugnance. Je dirai à ce sujet que c'est souvent un moyen de tâter la susceptibilité individuelle des baigneurs que d'étudier l'impression qu'il reçoivent de la vue de la mer et du contact de l'air qui règne sur ses bords.

4° Quelques exemples rares, il est vrai, m'ont prouvé qu'un certain nombre d'individus, en vertu d'une idiosyncrasie particulière ne peuvent supporter les bains de mer. Deux personnes d'un âge mûr, après quelques bains, furent jetées dans un état nerveux grave, avec douleurs de tête atroces, nausées, douleurs d'entrailles, suppression d'un état diaphorétique habituel. Une dame plus jeune, bien constituée et assez bien portante, fut pendant trois jours de suite retirée du bain dans un état complet de syncope. Elle fut en proie les jours suivans à une agitation nerveuse caractérisée par des douleurs générales, par des crampes aux poignets, par de l'insomnie et accompagnée d'un gonflement particulier des veines sous-cutanées des extrémités.

5e Enfin les enfans très jeunes crient, se débattent au premier bain; mais ils finissent très vite par s'y habituer et même par s'en faire un jeu.

Dans tous ces cas, le bain à température égale paraît plus froid, son impression instantanée est plus vive chez les baigneurs, dans les temps où la mer est calme, que dans ceux où elle est agitée par des vagues. De plus, les phénomènes de cette impression première, tiennent quelquefois chez eux à un état présent de leur santé, qui pourra cesser le jour suivant et ne plus entraîner la totalité ou une partie de ces phénomènes. Enfin, l'habitude des bains fait le plus souvent que ceux-ci ne se montrent plus, ou s'amoindrissent dans une notable proportion.

On voit que le bain de mer étudié sous le rapport de l'impression qu'il fait éprouver au corps comme moyen réfrigérant, offre selon les cas une foule de conditions, dont il est nécessaire de tenir compte dans l'application de cet agent thérapeutique et hygiénique.

B. *Effets consécutifs.* Les effets médiats se font sentir deux heures après les bains de mer et même plus tard dans le courant de la journée. Ils touchent aux effets physiologiques précédens, car ils n'en sont que la conséquence ; et aux effets hygiéniques et thérapeutiques dont ils sont, pour ainsi dire, les prodrômes. Ces phénomènes consécutifs sont très variés quant à leur nature et à leur intensité.

1° Pendant les premiers jours, le plus grand nombre des baigneurs éprouvent après chaque bain un certain degré de lassitude générale, d'accablement, de paresse à marcher et de somnolence au milieu du jour, et surtout après le repas. Pendant la nuit leur sommeil est plus profond que de coutume. Ces phénomènes disparaissent le plus souvent après quelques bains.

2° Chez d'autres, cette lassitude est portée à un plus haut degré ; elle s'accompagne d'une sensation de brisement des membres, d'un accablement général qui les oblige parfois à se coucher et d'étouffemens qui se renouvellent de temps en temps. Les souffrances habituelles, celles des seins, de l'utérus, des dents et du conduit auriculaire en particulier s'exaspèrent. Dans le cas d'une odontalgie, il n'est pas rare qu'il s'y joigne un *molimen* fluxionnaire des points correspondans de la gencive et des ganglions sous-maxillaires. Les traits du visage expriment la fatigue ; les yeux se cernent. Une céphalée circonscrite se développe quelquefois, ainsi que quelques-uns des phénomènes d'un mouvement ascensionnel du sang vers la tête. C'est ainsi que si ces individus lisent ou écrivent, ils voient des étincelles voltiger devant eux. Le sommeil de la nuit est agité et entrecoupé de réveils, de rêves érotiques ou de crampes. Ils ont des démangeaisons partielles ou des sueurs. Le plus souvent ces effets consécutifs des bains cessent peu-à-peu, à mesure qu'on les continue ; mais chez quelques-uns ils persistent jusqu'à un certain point pendant toute la saison.

Ces phénomènes physiologiques peuvent s'observer à la suite de bains pris pendant un temps rationnel et avec les conditions les plus favorables de la mer ; mais ils se montrent plus souvent et bien plus prononcés, si la mer est agitée et surtout si le bain a été trop prolongé. Dans ces derniers cas, il s'y joint des maux de tête, des crampes gastriques, des douleurs vertébrales et utérines ; les rhumatisans, les personnes affaiblies par de longues maladies, celles surtout qui proviennent d'anciennes et graves affections de l'estomac, voient leurs souffrances passées se renouveler, leurs souffrances s'exaspérer, et leurs fonctions troublées se déranger davantage.

Conjointement à tous ces phénomènes, il en est deux autres que j'ai constatés plusieurs fois, et dont je n'ai pu trouver l'explication rationnelle. 1º Chez les baigneurs, les cheveux se montrent rudes et secs, ou ils se conservent mouillés toute la journée, comme s'ils absorbaient l'humidité de l'atmosphère : j'ai remarqué que ce dernier état nuisait singulièrement au traitement des personnes affectées de céphalalgie. 2º Quelques-uns éprouvent une onctuosité habituelle à la surface de la peau, qu'ils comparent à celle des poissons nouvellement tirés de l'eau ; d'autres ont habituellement la peau sèche.

Les bains de mer entraînent encore des effets d'une autre nature : ce sont des états pathologiques analogues aux maladies qui ont leur place dans les cadres nosologiques.

Il n'est pas rare que le bain de mer entraîne pendant une journée une douleur articulaire, là même où aucun antécédent ne pouvait faire croire à l'existence du *rhumatisme*. Après quelques bains, il a été très-commun de voir cette année survenir, chez les enfans, des coryzas, des angines, et même des bronchites avec mouvement fébrile. Je n'ai vu qu'une seule personne adulte tousser après l'issue de ses trois ou quatre premiers bains. Ces accidens sont ordinairement légers, à la condition qu'on observe quelques règles de prudence. A Dieppe, on a l'habitude, selon les cas, ou de faire suspendre le bain froid, ou de convertir celui-ci en un bain chauffé à 25° ou au-dessous. Chez les uns, un enchifrènement habituel, chez les autres, une coqueluche récente ont paru rendre raison de cette susceptibilité à l'action du froid; chez quelques autres, rien dans l'état passé ou actuel de la santé n'a paru favoriser ces accidens. Pourtant je dois dire qu'il a régné en juillet, sur la population indigène de Dieppe, une constitution épidémique qui a amené une foule d'affections bronchiques, d'ophthalmies légères, de coryzas et d'otites externes.

La stimulation de la surface cutanée par les bains de mer donne lieu souvent encore à plusieurs espèces d'éruptions qui imitent plus ou moins les caractères de quelques exanthèmes naturels. Ces éruptions sont accompagnées quelquefois d'une agitation générale pendant la nuit, de sueurs, de démangeaisons, de picotemens incommodes, et même d'un mouvement fébrile. Elles apparaissent ordinairement à l'époque des cinq ou six premiers bains de mer, et affectent de préférence les enfans, les jeunes gens et les adultes sanguins. Je ne les ai jamais observées chez les femmes. Se développant de préférence sur les membres supérieurs, sur la partie antérieure du tronc, et plus rarement sur l'abdomen que sur le thorax, où elles donnent lieu à une sensation de bridement qui n'est qu'incommode, elles consistent tantôt en plaques rouges rubéoliformes, avec quelques élévations vésiculeuses; tantôt en une rougeur scarlatineuse uniforme, dont la teinte rouge décroît du centre à la circonférence, et se montre parsemée de quelques petites élévations vésiculaires à leur sommet; d'autres fois en larges plaques, d'une rougeur uniforme, à bords anguleux, peu élevées au-dessus du niveau de la peau. Un enfant eut derrière les lombes une éruption de vésicules blanches, suppuratives, de la grosseur d'un grain de millet, dont la base était entourée d'une auréole rouge qui se réunissait avec celle des vésicules voisines. De pareils boutons existaient sur le front sans offrir aucune trace de suppuration. Un autre enfant eut à la fois sur la joue et le bras gauche de pareilles vésicules, et sur la jambe du même côté des plaques d'*urticaria* accompagnées d'un prurit très vif. J'ai vu une urticaire aussi bien caractérisée que l'urticaire spontanée, précéder d'un jour l'apparition de plaques roséoliques.

Un adulte, après un petit nombre de bains, eut une éruption de véritables pustules suppurantes, semblables aux grains les plus petits de la varicelle. En pareil cas, on voit survenir quelques *favus* aux enfans scrophuleux. Un guide baigneur avait la gale. Le contact incessant de l'eau de mer l'avait modifiée sans la guérir. Les boutons étaient excoriés et entourés d'un cercle rouge sans élevure aucune; la démangeaison qu'ils causaient était extrême.

La mesure d'après laquelle on doit régler l'emploi du bain

dans ces circonstances, c'est l'état des nuits. S'il y a insomnie, ou doit suspendre le bain, sinon, il est sans inconvénient de continuer; car l'éruption s'éteint d'elle-même. Le *summum* de son intensité dure l'espace de deux ou trois jours, après lesquels elle décline insensiblement.

Cette super-action de la peau s'est continuée, dans quelques cas, bien au-delà de l'usage des bains de mer. On a vu une série de furoncles s'établir, durer encore plusieurs mois après, et concourir à faire disparaître complètement des spasmes gastriques habituels.

C'est ici le lieu de constater un dernier fait assez remarquable. Ce n'est pas sans quelque étonnement qu'on voit des personnes fortement constituées et actuellement bien portantes, qui, après avoir pris quelques bains en partie de plaisir, ressentent des effets consécutifs, tels que céphalalgie, nausées, crampes de l'estomac ou de l'utérus, retard inaccoutumé de l'époque menstruelle, etc., et cela avec assez d'intensité pour qu'elles soient forcées de renoncer absolument aux plaisirs du bain de mer. Ne semblerait-il pas que ces effets exagérés des bains de mer devraient épargner de tels individus, quand le plus grand nombre des corps souffrans y échappent ou du moins les présentent à un degré bien moindre d'intensité?

En observant de pareils faits, il est naturel de chercher à s'en rendre compte. Les bains de mer sont de puissans modificateurs de l'organisme, lesquels deviennent salutaires si la maladie a créé certaines convenances chez les individus auxquels on l'applique, ou nuisibles, si cette espèce d'aptitude n'est pas offerte à leur action. Ces différences ne sont pas rares, ce me semble, dans d'autres actions thérapeutiques. Si celles-ci étaient bien étudiées et bien connues, on arriverait peut-être à établir en thérapeutique une loi, en vertu de laquelle les maladies engendreraient chez les individus une spécialité organique, qui rendrait tel agent thérapeutique salutaire, ou au moins tolérable pour eux, et contraire à ceux qui présentent les conditions normales de la santé. Cette loi n'est-elle pas la même que celle de la tolérance aux remèdes contro-stimulans?

Quoi qu'il en soit de cette explication, chacun a pu observer les mêmes faits dans les établissemens thermaux, où rien n'est plus commun que de trouver des individus sains boire, et se baigner avec dommage pour leur santé, à côté de gens débilités par les progrès de la maladie, et qui, par cela même, supportent les pratiques spéciales des Eaux minérales avec impunité ou bénéfice.

DEUXIÈME PARTIE.

§ Ier.

Effets hygiéniques et thérapeutiques des Bains de mer.

Après avoir décrit les différens modes d'administration de l'eau de mer, les règles qui doivent présider à leur application et les modifications physiologiques les plus immédiates que les bains de mer impriment à quelques parties ou à l'ensemble de l'organisme, j'envisagerai maintenant les bains de mer sous les rapports de l'hygiène et de la thérapeutique.

Cette seconde division sera la partie vraiment pratique de ces *recherches*. Elle contiendra en premier lieu l'histoire des cas pour lesquels les bains de mer ont été mis en usage pendant les trois mois de l'été de 1834 ; en second lieu, leurs effets hygiéniques et thérapeutiques sur chacune des fonctions ; enfin, un coup d'œil sur leur mode d'action.

Cent observations recueillies avec des détails suffisans ont fourni les matériaux de cette seconde partie. Ces faits sont classés selon l'âge et le sexe des individus, ou selon certaines connexions qu'ils ont présentés entre eux.

1° *Maladies de l'enfance.* J'examinerai d'abord les effets des bains de mer sur les individus de cet âge ; car ils agissent si promptement et si énergiquement chez eux sous le rapport hygiénique et thérapeutique, qu'ils peuvent être considérés comme appropriés merveilleusement à leur constitution et à leurs maladies. C'est chez les enfans surtout que les organes subissent la foule de ces affections, dont ils ont puisé le germe au berceau même où ils ont reçu la vie. L'organisme ainsi vicié dès son origine a besoin d'être renouvelé et complété. L'expérience a suffisamment prouvé déjà que les bains de mer développent le corps des enfans, qu'ils fortifient leurs membres délicats, font fleurir leur santé et les rendent propres à devenir des hommes utiles et des mères robustes. Le temps n'est peut-être pas éloigné où ils seront employés généralement comme le meilleur moyen d'éducation physique, à cet âge où ils sont déjà un agent thérapeutique si précieux.

Les enfans qui étaient naturellement pâles, grêles, débiles et que distinguait une grande précocité d'intelligence; ceux qui relevaient de maladie et qui étaient restés anémiques, maigres et nerveusement excités; ceux qui, sujets à la diarrhée, se présentaient avec des membres amaigris et des chairs molles; les jeunes sujets qui subissaient quelques-unes des conséquences graves de l'onanisme, telles qu'un état de langueur générale et une incontinence d'urine, ont acquis promptement les apparences et les conditions de la bonne santé sous l'influence des bains de mer : ils n'ont pas tardé à grandir et à reprendre de la nutrition.

Un petit garçon, à la suite de convulsions remontant jusqu'aux premiers temps de sa naissance, était resté avec une demi-paralysie des muscles de la région postérieure du tronc et une rétraction des extenseurs des pieds. Les bains de mer réunis aux douches améliorèrent notablement son état, sous le rapport de la faiblesse des muscles, mais non sous celui de leur rigidité.

On a vu que dans les cas où les bains de mer avaient agi comme cause morbide chez les enfans, en donnant lieu au coryza, à l'angine ou à la bronchite, il était prudent de s'en abstenir jusqu'à l'entière disparition de ces états pathologiques ; mais il en était autrement quand ces individus apportaient à la mer une de ces phlogoses toute formée ; ils continuaient les bains impunément. Nombre de coryzas, de rhumes, de fluxions des gencives et des joues, au contraire, se terminaient pendant leur usage plus promptement qu'ils ne l'eussent fait d'après la durée connue de leurs phases naturelles. Il y a plus, de jeunes sujets exposés à de fréquentes angines gutturales, revenant avec ou sans la condition des mutations atmosphériques, ont été guéris sans retour jusqu'ici par les bains de mer. D'autres, affectés de gonflement et d'induration des amygdales, par suite d'angines répétées, ont vu ces organes revenir à leur volume normal par une sorte de rétraction. Il en a été de même pour ceux chez qui un enchifrènement chronique paraissait lié à un état général. De maigres et chétifs qu'ils étaient, ils sont devenus mieux nourris, florissans du visage et modifiés sous le rapport moral. En même temps la muqueuse nasale est rentrée dans son état normal.

L'efficacité des bains de mer s'est surtout montrée dans le rachitisme et les scrophules, ces deux fléaux de l'enfance. La grande majorité des enfans qui ont été envoyés à Dieppe l'année dernière, présentaient quelques-uns des symptômes caractéristiques de ces maladies.

Les enfans qui offraient seulement quelques signes de rachitisme, tels que la saillie marquée des extrémités des os longs, la laxité des ligamens articulaires, le retard dans l'accroissement du corps ; les enfans rachitiques jusqu'au ramollissement des os et aux déviations de la colonne vertébrale, avaient en même temps à des degrés divers l'habitude extérieure décolorée, les actes digestifs altérés, et le sommeil souvent troublé par de petites réactions fébriles accompagnées de moiteur. L'influence heureuse des bains de mer se faisait d'abord sentir sur l'état général des fonctions ; puis, après cette impulsion donnée, la maladie principale subissait d'évidentes modifications. Le corps grandissait ; la saillie et le relâchement des articulations tendaient à disparaître. Quant au ramollissement des os et aux déformations vertébrales en particulier, ils étaient arrêtés dans leurs progrès ; les enfans qui en étaient affectés et qui étaient condamnés à passer leur vie sur un plan horizontal, pouvaient, après le nombre de bains qui composent une saison, se lever, marcher d'abord avec mesure et se livrer en partie à l'exercice si nécessaire à leur éducation physique.

C'est ainsi que les bains de mer ont amené chez ces individus des conditions favorables à l'application de la gymnastique et de l'orthopédie.

Un grand nombre de scrophuleux de tout âge ont été envoyés à Dieppe l'année dernière. Leurs maladies très variées, quant à leur siège et à leur intensité ont été traitées par les bains de mer, souvent avec un succès complet et toujours avec un résultat satisfaisant. On avait déjà mis en usage contre la plupart d'entre elles les différentes préparations d'iode et toute la série des médicamens anti-scrophuleux, tels que l'hydrochlorate de baryte, les substances mercurielles, etc. A ce sujet, il m'a semblé que l'époque des maladies scrophuleuses où l'iode paraît rester sans action, ou plutôt paraît avoir épuisé son action, est surtout favorable à l'application des bains de mer.

Les engorgemens chroniques des glandes cervicales, ceux même qui présentaient actuellement quelques caractères d'acuité, tels que la rougeur, la douleur et une sorte de rénitence ; les caries avec ulcères fistuleux des articulations du pied et de la main ont été guéris ou bien ont subi une amélioration qui est devenue plus tard une guérison parfaite. Sous l'influence des bains de mer, voici comment était modifié chacun des symptômes principaux de ces caries fistuleuses : le pus qu'elles fournissaient était le plus souvent ténu, clair, jaunâtre ; les premiers bains augmentaient sa quantité et sa densité, plus tard il diminuait d'abondance et se réduisait à un suintement imperceptible. En même temps la sensibilité et l'extrême gonflement des parties, qui rendaient la marche douloureuse si la maladie siégeait aux os du pied, disparaissaient peu à peu ; les membres recouvraient leur forme naturelle, et de jour en jour les malades pouvaient et devaient marcher davantage. Sur le nombre des ulcères fistuleux, un, puis deux, commençaient à se fermer. C'est à ce degré de guérison que l'association des douches aux bains de mer a paru accélérer la cure complète.

Un très-jeune enfant, affecté d'une carie du rocher avec fistule de l'oreille externe et de l'apophyse mastoïde, s'est ressenti des effets salutaires des bains de mer, autant que pouvait le laisser espérer cette maladie si grave et si profonde. La constitution du sujet a été pour ainsi dire renouvelée ; la suppuration de fétide, de verdâtre et d'abondante qu'elle était, s'est en partie tarie, est devenue blanche, inodore le plus souvent, crémeuse, et quelquefois sanguinolente.

Une carie de la région cervico-dorsale de la colonne vertébrale avait entraîné à la fois une gibbosité et une paraplégie presque complète. Les bains de mer résolurent le problème de la consolidation des vertébres et firent rentrer les mouvemens musculaires sous l'empire de la volonté. La petite malade, au bout de deux saisons, put marcher sur un plan uni et fut débarrassée des douleurs locales qui accompagnaient habituellement le travail morbide de son épine.

L'action des bains de mer, chez les scrophuleux, ne s'est pas bornée à guérir ou à améliorer leur maladie considérée dans ses localisations. Il est rare qu'elle n'ait pas en même temps fait disparaître ou amoindri notablement ces caractères locaux et généraux par lesquels se distingue la constitution scrophuleuse de l'enfance. Ces phénomènes distinctifs sont, d'un côté, la blancheur et la mollesse des chairs, la blafardise du visage, le gonflement des ailes du nez et de la lèvre supérieure, la répétition des ophtalmies, la moiteur visqueuse de la face palmaire des mains, le retard de l'accroissement du corps, et d'un autre côté la tristesse, l'inégalité et la morosité de l'humeur, la langueur de l'appétit, la fréquence des indigestions, le volume de l'abdomen, la vitesse habituelle du pouls, les réactions fébriles.

Les bains de mer ont donc non seulement guéri la maladie scrophuleuse localisée ; mais ils ont encore modifié avantageusement l'habitude extérieure et les altérations fonctionnelles qu'elle entraîne après elle. Dans les cas où la lésion locale n'a point été complètement guérie, du moins les scrophuleux ont été mis dans les conditions les plus propres à résister aux détériorations qu'en reçoit leur organisme, et aussi à éliminer plus tard, en quelque sorte, le principe inconnu de leur maladie.

Les bains de mer, en même temps qu'ils modifiaient si heureusement les conditions organiques de l'enfance, amenaient des changemens non moins importans dans son état moral. Quelque but qu'on voulût atteindre en les envoyant à Dieppe, quelque loin ou quelque près qu'on fût de ce but, les enfans, dans le cours de leur saison, se montraient pétulans, gais, expansifs, importuns même, de calmes, de taciturnes, de trop circonspects qu'ils étaient auparavant. Quelques-uns devenaient irascibles, indisciplinables et pleuraient à la moindre cause. Une petite fille de treize ans, fort retardée dans son développement physique, avait la conscience du changement que les bains de mer avaient apporté à son humeur. Elle se sentait malgré elle poussée à l'impatience et à la taquinerie. Cette modification de l'état moral n'était point étrangère non plus aux personnes adultes.

2° *Maladies des femmes.* Si sous le rapport hygiénique, les bains de mer sont surtout bien assortis à la constitution des enfans, leur mode d'action ne cadre pas moins bien avec celle des femmes. Ils leur conviennent particulièrement, comme aux êtres destinés à perpétuer l'espèce. De la mère à l'enfant, il y a des relations de santé comme des liens d'organisation que tout le monde connaît. Les bains de mer attaquent le mal dans sa racine quand il existe, en changeant les conditions sous l'empire desquelles la femme doit donner le jour à une génération chétive ou malsaine.

Sous le rapport thérapeutique, les bains de mer fournissent des ressources non moins précieuses aux femmes qu'aux enfans, contre les maladies qui leur sont particulières. Dans la longue liste des maladies de l'utérus, il en est peu où l'on ne puisse tirer quelque parti de leur application.

Parmi les maladies de l'utérus que j'ai rencontrées à Dieppe l'année dernière, il faut mettre au premier rang, pour le nombre et les résultats heureux du traitement, le déplacement de cet organe. Sous ces deux rapports, les altérations de sa texture ne viennent qu'après.

Les femmes conservent, souvent même après l'accouchement le plus heureux, des douleurs lombaires, lesquelles dépendent, selon toute apparence, d'un certain degré de relâchement de l'utérus. En effet, elles les ressentent surtout, quand elles restent debout immobiles, ou quand elles portent un objet de quelque poids. Si elles ont été une fois guéries, elles sont sujettes à se renouveler avec la plus grande facilité, à l'occasion d'un exercice un peu trop violent. Les bains de mer ont toujours fait disparaître ce genre de lombago.

Les femmes affectées de simples *prolapsus* ou abaissemens de l'utérus sans engorgement du col, se sont aussi constamment bien trouvées de l'usage des bains de mer. C'est dans ces cas surtout, qu'on a pu constater l'action de l'eau de mer, comme liquide dense et froid. Elle agit par ces deux caractères, en causant un saisissement et même un certain degré de crainte, qui s'accompagne de la rétraction des tissus.

L'efficacité des bains de mer a été aussi constatée dans divers autres changemens de position de l'utérus ; tels que les déviations latérales, antérieures et postérieures. Les désordres symptomatiques qu'ils avaient entraînés dans le reste de l'économie, ont été notablement amendés, tels sont : l'impossibilité de marcher et de se tenir debout sans souffrir, les vives douleurs, hypogastriques et inguinales, les pesanteurs de l'anus, la gastralgie, les leucorrhées, l'altération profonde de la nutrition et des traits du visage.

Ce que j'ai observé des effets des bains de mer dans les lésions de tissu du col utérin, m'a conduit à établir une distinction bien tranchée entre les engorgemens indolens et ceux qui sont douloureux au toucher. Les premiers qui étaient ordinairement le résultat de fausses couches plus ou moins répétées et qui ne donnaient lieu qu'à des pesanteurs et à quelques élancemens, ont été mis facilement en voie de guérir par les bains de mer. Les seconds, que j'appellerais volontiers *actifs*, avaient été déjà le siége d'ulcérations, ou paraissaient susceptibles de le devenir. Ils étaient non-seulement douloureux au toucher, et au palper de l'hypogastre, mais ils s'accompagnaient encore sympathiquement d'autres phénomènes de douleur aux fosses iliaques, aux cuisses, aux lombes, aux hanches, aux mamelles. Ils donnaient le plus souvent lieu à une menstruation surabondante, et à une leucorrhée habituelle.

Ces cas exigeaient les plus grandes précautions dans l'emploi des bains de mer. On ne pouvait espérer d'en obtenir quelque fruit, si on ne restreignait leur durée à un temps extrêmement court. Il était trop ordinaire de voir des personnes affectées de ce genre de maladie, payer le plaisir qu'elles avaient trouvé à prolonger le temps du bain, au delà des limites rationnelles, par l'exacerbation de leurs douleurs habituelles, par une abondance insolite de leur écoulement leucorrhéique et par l'accélération et l'augmentation de leurs règles. A ce sujet il faut dire que tout ce qui est *douleur* dans les maladies de l'appareil génital de la femme, est très-exposé à se réveiller sous l'influence des bains de mer. Les douleurs qui tiennent à une tumeur de l'ovaire ou à un corps fibreux de la matrice, si ces lésions sont actuellement dans la période de progression, s'exaspèrent violemment. Une jeune femme comparait ces douleurs aux élancemens d'un panaris.

Ceux de ces engorgemens *actifs* du col de l'utérus qui avaient été précédemment traités par de petites saignées souvent répétées, semblaient avoir perdu de leur aptitude à être excités sous l'influence des bains de mer. Quand ceux-ci avaient été rationnellement pris, ces engorgemens ne tardaient pas à perdre de leur sensibilité au toucher et de leurs souffrances sympathiques. Les crampes utérines qui annonçaient ou qui accompagnaient chaque époque mensuelle, disparaissaient aussi. C'est dans des cas pareils que les demi-lavemens froids d'eau de mer m'ont paru produire des effets avantageux de sédation.

J'ai rencontré chez une jeune femme un genre d'ulcération du col utérin, qui existait sans engorgement, mais avec une vive sensibilité au toucher. Elle se présentait sous la forme d'une échancrure étendue dans le sens longitudinal du col, et paraissait résulter d'une lésion mécanique produite par un accouchement antérieur. Il y avait souvent douleur à l'aine correspondante ; la marche la réveillait et la malade était péniblement préoccupée de son mal. Les bains de mer agirent d'une manière complètement efficace dans cette circonstance.

Après les altérations de situation et de texture de l'utérus, viennent les sécrétions morbides de la muqueuse utérovaginale. Différentes espèces de leucorrhée ont été guéries ou sensiblement améliorées par les bains de mer. Ils agissaient sur elles en les augmentant ou en les diminuant tout d'abord. Dans le 1er cas, ce n'était qu'au bout d'un certain nombre de bains, qu'on voyait l'écoulement se ralentir graduellement jusqu'à son entière disparition. Dans le 2e cas, ou il disparaissait avec rapidité ou il se remontrait avec plus d'abondance que jamais pour se tarir ensuite peu à peu.

Il est une espèce de leucorrhée avec douleurs, mais sans tuméfaction du col utérin, pour laquelle il était de la plus grande importance de ne pas dépasser les limites les plus restreintes qu'on accorde à la durée du bain; car les douleurs se réveillaient et la leucorrhée augmentait, au moment où elle commençait graduellement à se tarir.

Les injections d'eau de mer ont été employées dans toutes les espèces de leucorrhée; mais elles n'ont réussi que dans celles où ne coexistait aucun signe d'irritation vaginale.

Les effets des bains de mer sur les fonctions menstruelles ont dû être constatés du jour où ces bains ont été mis en usage contre les maladies qui sont particulières aux femmes. C'est pourquoi on est d'accord aujourd'hui sur les avantages qu'ils offrent dans tous les troubles de la menstruation, que la nosologie a exprimée par les mots de *dysménorrhée* et *d'aménorrhée*. Un certain nombre de ces cas ont été soumis à mon observation et m'ont fourni les remarques suivantes :

Chez les femmes qui sont venues à Dieppe pour l'un ou l'autre de ces dérangemens, les bains de mer, d'un côté, ont déterminé le retour des couches, après plusieurs mois de retard; une fois même le premier bain amena ce résultat; de l'autre côté, ils ont accéléré ou régularisé l'époque habituelle des menstrues. Dans ces deux cas le plus souvent la quantité totale du sang menstruel a été augmentée.

Les menstrues ont été rarement retardées, durant le cours d'une saison. Ce cas arrivant, on en trouvait presque toujours la raison dans un état de congestion céphalique, développée sous l'influence même du bain ou dans un régime alimentaire habituellement trop stimulant. Il n'y a qu'un seul cas où les bains de mer soient restés sans action aucune sur les règles, c'est quand elles manquaient depuis long-temps et que leur absence paraissait liée à l'existence de quelque lésion organique.

On conçoit d'avance le bénéfice qu'on doit espérer dans le traitement de la chlorose, d'un moyen qui a pour effet d'imprimer une certaine activité à la circulation périphérique, et de provoquer, de régulariser ou d'augmenter la menstruation.

Les jeunes filles chlorotiques qui se sont baignées à la mer, l'année dernière, ou n'avaient pas encore été menstruées ou l'étaient incomplètement. Chez la plupart le cœur était le seul organe qui fut doué d'un surcroît d'activité ; ce qui nuisait plus ou moins à la faculté d'exercice qui leur était recommandée. Quelques-unes seulement étaient sujettes aux céphalalgies. Chez toutes, les fonctions présentaient cet état de langueur qui caractérise leur maladie ; la peau surtout privée de vie, restait accessible au dernier point à l'air qui règne au bord de la mer. C'est là sans doute d'où venait le sentiment de terreur qui prenait les chlorotiques à l'idée de recevoir un bain froid. En effet, la première impression de ces bains était saisissante pour elles et s'accompagnait d'une insupportable suffocation. Au second bain, ces sensations perdaient de leur intensité; aux bains suivans, elles avaient à peu près disparu.

Après trente ou quarante bains, toutes les chlorotiques sont parties avec le visage épanoui de santé et de gaîté. Elles avaient engraissé et étaient devenues capables de marcher et de monter les degrés d'un escalier, sans être essouflées. Leur circulation avait perdu une grande partie de sa fréquence. Les bains les avaient mises dans des conditions diamétralement opposées à celles qui accompagnent les phénomènes de la chlorose. En un mot elles avaient atteint ce degré de vie et de force qui était nécessaire pour que la menstruation s'établît ou se complétât chez elle.

Il m'a paru sans inconvénient de faire continuer l'usage des bains de mer jusqu'au jour même de l'époque mensuelle. Celle-ci, après quelques instans d'un léger étouffement, est assez souvent survenue immédiatement en sortant de la mer. Une fluxion menstruelle avortée le jour même de son apparition, se remontra incontinent sous l'influence d'un bain de mer. Une dame ayant redouté l'emploi de ce moyen dans les mêmes circonstances, fut prise d'étourdissemens et de céphalalgie, qui durèrent jusqu'au retour spontané de ses règles.

Si, comme il arrivait quelquefois, par l'effet des bains, le nombre des jours que durait ordinairement l'époque menstruelle, se prolongeait au-delà du terme accoutumé, il était sans inconvénient de faire baigner pendant cette menstruation excédante. Seulement il fallait ne le faire qu'après le temps habituel des règles. Dans ces cas, le bain de mer supprimait impunément un écoulement sanguin, dont la somme dépassait celle de la déperdition normale.

Quelques faits bien constatés ont prouvé déjà le succès des bains de mer dans certains cas de stérilité chez les femmes. Le nombre de celles que Dieppe a vues l'année dernière a fourni deux exemples de ce succès, qu'on doit regarder ici comme bien avérés. L'opinion du monde parle de faits semblables avec une exagération qui détruit ou altère ce qu'ils ont de réel ; car le monde aime à croire aux actions spécifiques des moyens de traitement. Certainement l'action des bains de mer n'a rien de spécifique dans la stérilité, bien qu'il soit impossible dans l'état présent de la physiologie des fonctions génératrices d'expliquer d'une manière tant soit peu satisfaisante le genre de modification qu'elles en reçoivent alors. Ce qu'il nous est donné de savoir dans ce cas, c'est que la modification locale n'existe jamais sans coïncider avec des changemens importans dans le reste de l'organisme.

3° *Névroses du grand sympathique.* Les maladies que je désigne sous ce nom, sont presque aussi particulières aux femmes que les précédentes, et n'ont pas afflué aux bains de mer en moins grand nombre qu'elles. On le concevra facilement, ce nom qu'on leur applique quelquefois dans la pratique médicale, n'est qu'une formule née du besoin de localiser les maladies, qui établit leur siége avec quelque probabilité, qui exprime quelques-uns de leurs symptômes, et qui ne fournit que des indications bien vagues sur leur nature.

Ces névroses se sont montrées sous les formes les plus variées. Dans la plupart d'entre elles, les circonstances anamnestiques et actuelles de leur histoire ne permettaient pas de méconnaître en elles un *élément hystérique.* En effet, des symptômes hystériques en avaient été le point de départ primitif, ou bien des sensations irradiaient encore de temps en temps de l'utérus vers les autres viscères. Présentement la plupart de ces maladies consistaient exclusivement en des lésions des fonctions viscérales de la tête et de l'abdomen. Il faudrait un livre pour tracer le tableau de toutes ces lésions. Je me bornerai à décrire ici leurs caractères les plus saillans, pour en donner une idée.

Tantôt le cerveau était devenu le siége habituel des sensations les plus étranges. Il avait en même temps perdu une partie de sa faculté normale d'innervation, relativement aux efforts musculaires nécessaires à la rectitude du tronc. Ainsi, les malades ne pouvaient rester assises, ni marcher sans être prises de courbature, d'endolorissement des membres, et même de lypothymies. Tous ces phénomènes disparaissaient dès qu'elles prenaient la position horizontale.

Tantôt une sensibilité exagérée, qui allait jusqu'à des douleurs lancinantes (gastralgie), semblait départie aux plexus nerveux de la région épigastrique, ou bien aux élémens nerveux qui entrent dans la structure viscérale de cette région. Si la malade n'eût été parfois sujette aux sécrétions gazeuses de l'estomac, les fonctions de cet organe se fussent toujours montrées intactes. Il y avait appétit, et même appétit exagéré, et digestion facile. Cette concentration intérieure de la sensibilité vers un point unique, entraînait chez les individus une grande impressionnabilité au froid et au moindre mouvement de l'air ambiant, et les rendait sans défense contre les influences morales.

D'autres fois le tableau de ces souffrances était moins complet. Celles-ci se bornaient habituellement à la gastralgie, laquelle alternait ou co-existait avec des douleurs hystériques ou céphaliques.

Ailleurs, la névrose du grand sympathique se traduisait au dehors par des palpitations accompagnées d'angoisses aux précœurs ; ou bien, d'après ces liens étroits que l'état pathologique dévoile chaque jour entre ce système de nerfs et celui de la vie de relation, la maladie s'était convertie en une élampsie, dont les retours n'avaient rien de fixe sous le rapport de leurs causes occasionnelles. Ces cas appartenaient en général à de jeunes filles d'une constitution forte. Je mets à cette place aussi ces états nerveux si variés qui succèdent souvent à l'avortement ou à l'accouchement.

Les bains de mer ont souvent merveilleusement réussi dans cette famille de maladies. Leur propriété sédative et leur propriété de décentraliser la vie, si l'on peut s'exprimer ainsi, a calmé l'élément névralgique, soit aux précœurs, soit à l'épigastre ; a rendu la marche possible ou facile, le corps plus réfractaire aux impressions de l'air, et l'appétit moins actif. L'estomac en même temps a cessé de sécréter des gaz. Seulement on ne saurait exprimer à quel point il est nécessaire de restreindre la durée du bain dans la majorité de ces cas. La plus courte est la plus sûrement exempte d'inconvéniens. Une ou deux minutes de plus peuvent réveiller les douleurs gastriques ou utérines.

Parmi ces maladies, il s'en est trouvé de rebelles à l'action des bains de mer, et, chose remarquable, elles appartenaient toutes à de jeunes filles fortement constituées. Chez elles, la gastralgie alternait avec des maux de tête, de manière que tantôt l'une, tantôt l'autre de ces souffrances se montrait prédominante.

Un autre genre de névrose, dont le siége exclusif est l'estomac, où l'hystérie ne paraît pas jouer, comme précédemment, le premier rôle, a pour résultat d'amener peu à peu, par une série de longues souffrances, les femmes qui en sont affectées, à ne pouvoir digérer les plus petites quantités d'alimens solides ou liquides. Les symptômes qui accompagnent cette affection parvenue à son dernier période, sont variés à l'infini et souvent bizarres. Le défaut d'alimentation a ralenti le pouls, a produit le marasme et causé une faiblesse qui rend la station et la marche impossibles. Tout fait croire à une lésion organique et fait prononcer le plus grave pronostic. Mais seulement il faut remarquer qu'il n'y a pas ordinairement vomissement des matières ingérées.

L'un des plus beaux succès des bains de Dieppe concerne un cas pareil. Une dame, après huit années de dyspepsie, était arrivée à ne prendre dans la journée qu'un peu de liquide; encore était-elle jetée, chaque fois qu'elle avait bu, dans une torpeur qui durait deux à trois heures. Les bains de mer furent conseillés, malgré l'existence d'un état plus que suspect de la poitrine. Ils durent être employés, sous forme d'essai, avec toutes les précautions imaginables.

Le premier bain consista en trois immersions; l'impossibilité de marcher rendit la réaction assez lente. Le deuxième bain permit déjà à la malade de prendre quelques cuillerées de bouillon ; ce qu'elle n'avait pu faire depuis long-temps, et de rester levée. Le quatrième, qui fut d'une minute, rendit possible l'ingestion d'une plus grande quantité de bouillon. Le septième, qui s'éleva à trois minutes, mit la malade dans le cas de passer plusieurs heures sur sa chaise, de marcher une demi-heure et d'écrire une longue lettre. Au onzième bain, qui fut de huit minutes, elle mangea dans toute la journée des potages gras, de la viande de caille, de la fécule et de la compote; elle resta levée et se promena à pied au grand air. Au seizième bain, elle se rendait à pied sur le bord de la mer et faisait trois repas par jour. Ses yeux et les traits de son visage avait repris une expression de vie remarquable. Après le vingtième bain, elle toussa davantage, ressentit des douleurs de poitrine et eut de l'insomnie. Ces raisons empêchèrent qu'on ne poussât plus loin les bains de mer. Deux jours de repos amendèrent ces accidens, et la malade quitta Dieppe.

Il s'est offert chez les hommes qui ont fréquenté les bains de mer, des maladies qui offraient d'évidentes analogies avec les maladies précédentes observées chez les femmes. C'étaient aussi des lésions nerveuses des organes viscéraux, mais non plus modifiés par les phénomènes nerveux de l'organisation sexuelle. Le foie, les différentes portions du tube digestif, le cerveau en étaient le siége le plus ordinaire. Les gastralgies proprement dites ont été les plus fréquentes. Puis venaient après les douleurs intestinales sans diarrhée, avec borborygmes, que les sangsues exaspéraient et qu'aucuns signes de phlogose n'accompagnaient. Elles avaient toutes cela de commun, qu'elles se présentaient chez des individus jeunes ou adultes d'une constitution maigre, et qu'elles avaient été traitées infructueusement à la manière des phlegmasies de l'estomac. Plusieurs d'entre elles ont été guéries; les autres ont été soulagées. Les douches froides en arrosoir, administrées sur l'épigastre, m'ont paru en accélérer la disparition.

Une fois la gastralgie fut subitement remplacée par une douleur fixée au point de la colonne vertébrale exactement correspondant à son siège, décelant ainsi ce principe morbide que les Allemands ont appelé *arthritis interna.* Ce que le bain de mer produit ici, la nature le fait spontanément quand elle substitue à des douleurs d'entrailles plus ou moins anciennes une névralgie externe ou une douleur arthritique.

Je termine la liste de toutes ces affections nerveuses en mentionnant un fait qui s'y rapporte par plus d'un côté, et où je n'ai pu faire, malgré la plus stricte réserve, l'application des bains de mer, à cause de l'extrême excitabilité du sujet. Cette névrose, durant depuis plusieurs années chez un homme d'un âge mûr et d'un tempérament essentiellement nerveux, et ayant épuisé toutes les ressources de la thérapeutique, consistait tantôt en une lésion des fonctions nerveuses de la vie animale, tantôt en un trouble de même nature dans les organes de la vie nutritive. Sous le premier rapport, le malade avait des convulsions cloniques, des soubresauts dans les muscles postérieurs du tronc, de la mâchoire inférieure, des vertiges, des étourdissemens qui survenaient sous l'influence d'une multitude de causes diverses. Sous le second, il était tourmenté de nausées, de crampes gastriques, accompagnées de dyspepsie.

4° *Céphalées; hémicranies; névralgies de la tête.* Il faut mettre ces maladies au nombre de celles qui sont propres aux femmes; car les exemples nombreux qu'elles ont offerts à l'application des bains de mer appartenaient tous à ces dernières. Il faut aussi les ranger ici sous le même chef; car le plus souvent, si elles ont des caractères distinctifs, elles en ont aussi de communs.

Pour commencer par les névralgies de la tête, c'étaient des affections contre lesquelles avaient échoué tous les moyens connus. Les unes avaient une grande tendance à revêtir le type intermittent; les autres ne revenaient que de loin en loin, comme de violens accès, dont la durée variait depuis une heure jusqu'à un ou deux jours. Elles ne se montrèrent point sous la forme de ces névralgies localisées à tel ou tel nerf de la périphérie. Elles participaient des hémicranies par l'existence des vertiges et par leur influence sur les contractions de l'estomac, des névralgies externes de la tête, auxquelles les Allemands ont donné le nom de *febris localis,* par leurs phénomènes de congestion momentanée et circonscrite à une partie du visage; enfin elles participaient aussi des névroses du grand sympathique par une certaine disposition syncopale, par les spasmes précordiaux et par la grande susceptibilité à l'humidité atmosphérique, qui accompagnaient chacun de leurs accès.

Je ne sais si la thérapeutique possède un moyen de combattre ces maladies, plus sûr que les bains de mer réunis aux affusions : car les unes pratiquées sans les autres, ou du moins sans l'immersion totale du corps, augmentent la douleur quand elle existe, ou la rappellent quand elle a déjà cessé.

De prime abord, ces névralgies étaient puissamment modifiées par les bains ainsi administrés. De suite, le moment de leur invasion était retardé ou tout-à-fait enrayé. Dans l'un et dans l'autre cas, les plus invétérées d'entre elles ont fini par disparaître pendant plusieurs mois. Un fait important dans la pratique, qui s'est renouvelé souvent sous mes yeux, depuis que j'eus l'idée une première fois d'en faire naître expérimentalement l'occasion, c'est que constamment un accès de névralgie, quelque violent qu'il soit, peut être arrêté par un bain de mer.

J'ai vu d'autres fois les premiers bains de mer déplacer, pour ainsi dire, le principe de ces névralgies, de son siège primitif et dénoncer peut-être ainsi leur nature. Il n'y avait plus aucune trace de névralgie, ni des autres symptômes nerveux, quand une douleur se développait dans les muscles du cou et s'étendait aux épaules et dans la continuité de l'un des bras jusqu'au poignet; c'était une autre fois une douleur de goutte avec ses caractères distinctifs, qui se montrait à l'un des gros orteils. Les bains étaient continués dans ces circonstances, et après la disparition de cette affection supplétive, les individus se trouvaient pleinement en possession du bénéfice qu'ils avaient déjà obtenu du moyen. Une seule fois ce *genius morbi* reparut sous la forme d'une odontalgie, laquelle céda subitement à l'action d'un bain de mer.

Les affusions unies aux bains de mer étaient non moins indispensables, et se sont montrées non moins favorables dans le traitement des hémicranies simples et des céphalées circonscrites. Les premières ont pu être aussi suspendues au milieu d'un accès violent, et reculées dans leur invasion. L'une des secondes, qui tourmentait cruellement la malade depuis cinq ans, qui consistait en une douleur fixe du pariétal gauche, avec chaleur au moment de l'accès, qui annonçait chaque mois la venue de l'époque menstruelle, et durait autant qu'elle; qui avait imprimé au visage une teinte jaune cachectique, et qui avait entraîné différens troubles dans le reste de l'économie, fut guérie sans retour jusqu'à présent, dès l'instant du premier bain de mer.

5° Les maladies qui restent à passer en revue n'ont plus rien de spécial, sous le rapport de l'âge et du sexe des individus. Pour que l'exposé des effets des bains de mer qui ont été observés chez elle, soit plus facile et plus clair, je les diviserai en trois sections.

La première comprendra les lésions organiques et nerveuses du cerveau et des nerfs sensoriaux; la seconde, une série de cas variés qui n'ont point de connexion commune entre eux; la dernière, enfin, des affections qu'on peut appeler externes ou chirurgicales, à cause de leur siége appréciable par les sens, et de leur nature, qui les rend ordinairement tributaires des moyens de la chirurgie.

A. *Altérations matérielles ou simplement nerveuses du cerveau ; névroses ou lésions organiques des nerfs sensoriaux.*

Aliénations mentales.—Voici l'énoncé des sept faits d'aliénation mentale qui ont été soumis à mon observation :

Le premier appartenait à un homme d'âge mûr, chez lequel cette affection paraissait tenir à une habitude de *raptus* sanguins vers la tête.

Le second, à une jeune fille nymphomane, qui offrait déjà des signes précurseurs de la démence.

Le troisième, à un jeune mélancolique chez lequel la maladie coïncidait avec une conformation vicieuse des parois du crâne, et s'était déclarée par une lésion de la mémoire et par un certain bégaiement.

Dans ces trois premiers cas, comme on devait s'y attendre, les bains de mer ont été sans résultat. Le premier de ces aliénés est venu succomber, à Paris, à une attaque d'apoplexie, après avoir reçu des bains de mer un surcroît d'excitation.

Le quatrième cas d'aliénation mentale appartenait à un homme mélancolique, nouvellement retiré de l'activité des affaires, et qui présentait une aberration partielle des idées et des sentimens, joints à une absence absolue d'énergie morale.

Le cinquième à une jeune monomane, sentant de temps en temps quelques impulsions vers l'homicide.

Le sixième à un jeune homme bilieux, dyspeptique, poursuivi par l'idée du suicide, laquelle était entretenue chez lui par des circonstances de fortune et des écarts de vie habituels.

Le septième à un jeune hypocondriaque aussi, avec penchant au suicide.

Ces quatre cas ont guéri. C'est surtout dans les différentes aliénations mentales que les bains de mer doivent agir à la fois par leurs effets physiologiques, par le changement de lieu et les distractions qu'il nécessite. Ce qui m'a surtout frappé chez presque tous les aliénés soumis aux bains de mer, c'est l'absence complète de cette impression de froid qu'ils produisent pour la première fois à tous les baigneurs, surtout par le fait de l'opération des affusions : car il est à peine besoin de dire ici que la condition essentielle de tout succès dans les lésions organiques ou nerveuses de la tête doit se chercher dans les bains de mer réunis aux affusions. L'insensibilité des aliénés au refroidissement de la température extérieure a déjà été remarquée, si je ne me trompe.

A côté des troubles de l'intelligence, on a vu à Dieppe, plusieurs autres maladies nerveuses du cerveau, sans aberration dans les facultés intellectuelles ou affectives : tels sont, un état de mélancolie accompagné de maux de tête chez les jeunes gens des deux sexes : une jeune fille mélancolique présenta en même temps un *pica* très-prononcé ; l'hypocondrie caractérisée par des mouvemens de congestion sanguine vers la tête, et par l'endolorissement et la paresse des membres.

Les bains de mer sont restés sans action sur les mélancolies et sur les états morbides qui coïncidaient avec elles. Les hypocondriaques, au contraire, voyaient après chaque bain disparaître leurs souffrances pour un temps plus ou moins long. Leur circulation a fini par être mieux répartie et leur état moral par être amélioré.

Lésions des centres nerveux. Les états de congestion cérébrale qui, par leur répétition, avaient entraîné l'affaiblissement des sens, ont été ainsi modifiés par les bains de mer réunis aux affusions : le mouvement ascensionnel du sang a été entravé par son égale distribution vers tous les points de la périphérie, par l'excitation générale des fonctions, par le surcroît d'activité musculaire et par la faculté d'exercice qui s'en suivait.

Une lésion de la vue consistant en une dilatation de la pupille et une presbytie d'un côté, et en une diplopie quand les deux yeux fixaient les objets, paraissait liée à une altération des centres nerveux ; car elle avait été précédée de maux de tête, et s'accompagnait actuellement d'une incontinence d'urine nocturne. Le bain de mer rétracta chaque fois la pupille pour un temps plus ou moins long. Une saison complète améliora l'état de la vue, et fit disparaître complètement l'émission involontaire de l'urine.

Un homme encore jeune, excessivement nerveux, avait eu une hémiplégie incomplète. Son cerveau n'était pas le siége d'un *raptus* sanguin, mais les muscles de son bras paralysé avaient conservé quelque faiblesse, ou plutôt leurs mouvemens étaient accompagnés d'une sensation anormale, difficile à exprimer par des mots. Dans ce cas, les bains de mer réunis aux douches furent appliqués avec quelque succès.

Deux paraplégies incomplètes, avec demi-paralysie de la vessie, furent traitées par les bains, les affusions et les douches. Les individus qui en étaient affectés leur durent de perdre, en marchant, une partie de l'hésitation, du défaut d'assurance musculaire, qui leur étaient particuliers, et de recouvrer aux jambes un sentiment *d'être* et une chaleur qui avaient cessé depuis long-temps.

Quant à l'incontinence d'urine, je dirai qu'elle s'est présentée cinq fois aux bains de mer, sous la dépendance de causes très-diverses. Chez un jeune enfant, elle datait des premiers temps de la vie, et ne fut point guérie par la réunion des bains et des douches sur les lombes et le périnée, malgré la transformation véritable qu'avait subie la santé du sujet. Chez un adolescent, cette maladie tenait à l'habitude de l'onanisme, et fut suspendue. Dans les trois autres cas, ceux dont il vient d'être question, on a vu que les bains de mer agirent efficacement dans le premier ; la vessie chez les deux paraplégiques resta dans son inertie.

Névroses de la vue. Un jeune homme de la province, exempt d'excès, sans congestion céphalique, éprouvait un trouble de la vision, qui consistait à voir voltiger devant ses yeux une multitude de petits globules noirs, sitôt qu'il les fixait sur un livre ou sur un objet voisin de lui. Il avait épuisé tous les traitemens. M. Maunoir, de Genève, l'envoya à Dieppe. Une saison de bains associés aux affusions, rétablirent complètement sa vue.

B. *Cas variés.* — *Sécrétions morbides de quelques muqueuses.* De jeunes sujets affectés d'otorrhée chronique, avec lésion plus ou moins considérable de l'audition, par suite d'une fièvre éruptive, ont été envoyés aux bains de mer. En les leur conseillant, on avait en vue de fortifier leur constitution, de combattre la disposition strumeuse, à laquelle était liée la maladie de l'oreille et de supprimer l'écoulement habituel qui se montrait tantôt purulent et fétide, et tantôt sanguino-purulent. Ces divers buts ont été remplis dans la plupart des cas. Il n'est pas besoin de dire qu'il faut surtout empêcher l'eau de mer de pénétrer dans le conduit auriculaire. La surdité augmenta dans un cas où le coton mal tassé en laissa pénétrer quelques gouttes. Cette seule circonstance suffit une autre fois pour déterminer une otalgie violente.

Les circonstances qui ont accompagné l'administration des bains de mer dans la leucorrhée, se sont observées communément dans les écoulemens blennorrhéiques de l'urètre, c'est-à-dire que ceux-ci augmentaient souvent de quantité avant de disparaître en totalité. Parmi ces écoulemens, les plus rebelles m'ont semblé être ceux qui dépendaient d'un rétrécissement de l'urètre, traité par la cautérisation, et ceux qui tenaient à une phlegmasie chronique de l'urètre, dont le siége était voisin du col de la vessie. Dans ce dernier genre de blennorrhée chronique, non-seulement les bains de mer sont restés sans action, mais encore l'application des douches froides sur le périnée a eu un résultat inverse de celui qu'on attendait.

Absence de la perspiration cutanée. Des femmes pâles, ne transpirant jamais et se montrant sensibles outre mesure au refroidissement de l'atmosphère, éprouvaient en même temps tantôt des phénomènes de sensibilité aux précœurs, tantôt des fluxions séreuses vers les intestins, souvent sans cause connue. Les bains de mer développèrent chez elles la capillarité du visage, rétablirent la perméabilité de la peau aux fluides exhalés, et la mirent dans des conditions propres à réagir contre les influences atmosphériques. En même qu'ils agissaient en redonnant ainsi une plus grande dose de vitalité et de résistance à la surface cutanée, les bains de mer neutralisaient les fluxions de la surface intestinale et les concentrations intérieures de la sensibilité nerveuse.

Engorgemens viscéraux. Une dame affligée par de grands chagrins et affectée d'obstructions du foie et de la rate, avec dysménorrhée et teint cachectique, fut envoyée à Dieppe. L'abdomen avait acquis chez elle un grand volume par la tuméfaction extrême de ces organes, que le palper appréciait avec la plus grande facilité. D'après les effets immédiats des bains de mer, qui consistent à refouler le sang de la circonférence au centre, je dus mettre dans leur usage autant de circonspection que possible; mais j'espérais que ces effets seraient suffisamment contrebalancés par l'antagonisme de la réaction. En effet, après dix bains, *l'habitus* extérieur s'était amélioré et les viscères malades s'étaient rétractés. Diminution notable des organes, sensation de bien-être inaccoutumée, et caractères extérieurs de santé, furent les résultats que la malade obtint d'une saison complète.

C. *Maladies chirurgicales*. D'anciennes entorses qui avaient laissé subsister à l'articulation du pied un gonflement indolore et un empâtement comme œdémateux, lesquels rendaient la marche difficile et plus ou moins douloureuse, ont été traités heureusement par les bains de mer et les douches. Après quelque temps, les parties devenaient le siége d'une sensibilité inaccoutumée qui durait quelques jours et qu'il fallait regarder comme de bon augure. Définitivement, en vertu de la tonicité que l'eau de mer communiquait à ces sortes d'engorgemens chroniques, le pied recouvrait une partie de sa forme et de sa force à supporter la marche.

Les douleurs d'une partie des membres, sans changement dans leur conformation, qui provenaient d'une cause mécanique, et cette affection de la fibre musculaire des lombes et des mollets qui a reçu le nom de *coup de fouet*, qui est sujette à se renouveler et qui laisse le plus souvent après elle des douleurs qui se réveillent dans de certaines positions du corps, ont été modifiés par les bains de mer, de manière à ce que les parties lésées ne conservaient plus que de la raideur.

Les cicatrices minces et squammeuses qui succèdent à des déperditions de substance de la peau adhérente aux os, comme à la crête du tibia, se détergèrent, changèrent d'aspect et parurent se consolider. Des fistules résultant d'abcès aux testicules se sont fermées de la même manière que les ulcères fistuleux des os cariés.

Les varices des jambes occasionnées par de longues marches ont disparu sans retour jusqu'ici.

Un enfant affecté d'une rétraction spasmodique du muscle sterno-mastoïdien, par suite de l'ouverture d'un abcès cervical, a pris inutilement les bains de mer : résultat supposable d'avance, d'après leurs effets physiologiques sur la fibre musculaire.

Il est un certain nombre de conditions dépendant de l'âge, de certaines prédispositions ou de véritables états morbides, qui eussent rendu l'usage des bains de mer irrationnel. C'étaient : l'âge trop tendre, la vieillesse, l'état de grossesse, les dartres humides, l'apoplexie imminente, les anevrismes internes, la goutte actuellement existante, les affections rhumatismales, qui comprennent non-seulement les arthrites, les douleurs fibreuses ou musculaires, mais encore quelques autres cas qu'il est souvent difficile de dénommer. Pour n'en citer qu'un, il est des individus qui ont habituellement une sensibilité extrême à l'air froid, surtout s'il contient des particules humides. Le soir en toute saison, est pour eux une cause de refroidissement incommode et souvent de douleurs vagues ; la fréquentation des bords de la mer leur apporte constamment ces sensations à un haut degré. Ce n'est point là un rhumatisme localisé ; mais le bain de mer en lui imprimant cette dernière condition, prouve qu'il y avait chez ces individus du *genius rhumatismal*.

N. B. *Intervention médicale dans l'usage des bains de mer.*

En considérant en masse le nombre des individus que j'ai eu l'occasion d'observer durant le cours de la saison dernière, soit d'une manière passagère, soit avec quelque suite, en les considérant, dis-je, sous le rapport du résultat final qu'ont présenté chez eux les bains de mer, on peut les diviser en trois classes :

1° Chez le plus grand nombre les dérangemens de la santé ont guéri ou se sont amendés plus ou moins complètement.

2° Quelques-uns n'ont retiré aucun soulagement.

3° Quelques autres (ce qui a été le cas le plus rare) ont ressenti des effets nuisibles.

A une ou deux exceptions près, les individus composant les deux dernières divisions n'avaient point eu recours à un homme de l'art dans l'emploi des bains de mer. Ceux qui ont souffert de cet emploi, lui ont souvent attribué ce qui était le fait de l'application peu judicieuse du moyen. Sans parler de certains motifs dont je ne m'établis point le juge, tous se sont dirigés d'après une opinion fausse, laquelle consiste à croire que l'eau de mer est tout aussi innocente que l'eau commune, et qu'on peut suivre dans son usage les inspirations aveugles de son instinct ou de son jugement. Au lieu de cela, leur susceptibilité particulière et la nature de leurs maladies exigeaient souvent qu'ils fussent suivis et que les règles de leur conduite leur fussent dictées avec le soin qu'on apporte à doser et à étudier les effets d'un médicament énergique.

Telles sont, j'en reste persuadé après une saison passée à Dieppe, les causes principales auxquelles beaucoup de baigneurs ont dû les résultats négatifs ou pernicieux qu'ils ont retirés de leur voyoge.

Si l'art ne peut toujours rendre salutaire l'usage des bains de mer, il peut toujours le diriger sans nuire. Il suffit qu'il sache choisir parmi les nombreuses modifications dont ces moyens sont susceptibles, celle qui sera le mieux adaptée à la nature de l'individu. Ces modifications varient non-seulement d'après la constitution, d'après la nature des maladies et d'après la foule des circonstances qui ont été signalées déjà dans ce travail, mais elles ne sont pas les mêmes non plus chez la même personne dans le cours d'une saison ou d'une année à l'autre. Des baigneurs avaient déjà fréquenté une ou deux fois les bains de Dieppe; ils s'étaient baignés fructueusement, avec ou sans direction médicale. L'année dernière, ils ont pratiqué la mer d'après les données que la médecine ou leur expérience leur avaient fournies. Eh bien! les conditions de leur organisme avaient changé. L'art a été obligé de modifier chez eux l'application des bains de mer.

Ce qui précède peut se résumer, en disant que l'intervention médicale est indispensablement nécessaire dans l'emploi des bains de mer. Ici, je le sais, je touche à une matière délicate, où se trouvent confondus les intérêts de l'humanité et de la science, et ceux du médecin-inspecteur; mais sur cette question, comme sur toute autre semblable qui sera particulière à ma position, je ne craindrai jamais d'aborder franchement ce qui sera, à mon avis, la *vérité*.

§ II.

Effets hygiéniques et thérapeutiques des bains de mer sur les fonctions de l'organisme.

Après avoir exposé les effets thérapeutiques et hygiéniques des bains de mer dans les cas précédens, j'en ferai le résumé général, en les étudiant sur chacune des fonctions, chez les individus qui en ont fourni la liste.

Sous l'influence des bains de mer :

1° Les forces générales se sont augmentées dans une notable proportion, comme on l'a vu, chez les convalescens et dans les maladies qui ont porté atteinte à l'organisme, en le jetant dans l'asthénie.

2° Les individus amaigris à la suite d'un accroissement trop rapide ou d'une maladie grave, ont acquis un état notable d'embonpoint et de développement des muscles. Ceux qui présentaient, au contraire, une nutrition normale, mais un peu exubérante, s'amoindrissaient sensiblement. La plupart des enfans grandissaient. Ces deux faits prouvaient que l'assimilation était devenue plus active. L'accroissement du corps en longueur était surtout sensible chez ceux où il avait été retardé par la maladie. Ce phénomène est la cause principale de la diminution des saillies osseuses chez ceux où cette conformation est l'expression symptomatique d'un état morbide. Au phénomène de l'accroissement du corps, se rattache sans doute celui de la tendance que présentaient les parties externes, détruites ou altérées dans leur continuité, à se reproduire ou à se cicatriser.

3° Les fonctions de l'estomac acquéraient le plus souvent de l'énergie. Ses besoins étaient plus impérieux et se renouvelaient plus souvent, surtout chez les jeunes sujets. Le travail de la digestion était plus facile et plus prompt. Quelquefois, au contraire, l'appétit restait languissant, ou bien, d'actif qu'il était habituellement, il s'émoussait sensiblement. Ce résultat arrivait même chez quelques personnes par le fait seul du séjour sur les bords de la mer. Elles devenaient inappétentes, se plaignaient d'un mauvais goût de la bouche et offraient une certaine blancheur de la langue. C'était le cas alors d'administrer un laxatif, qui ne manquait jamais de réveiller l'énergie des facultés digestives. Ce fait semble n'avoir pas échappé aux Anglais ; car ils ont l'habitude de débuter dans la pratique du bain de mer par une dose de sel purgatif.

La constipation qui était si habituelle aux bains de mer, quel que fut l'état des fonctions intestinales sous ce rapport, en y arrivant, ne prouvait pas langueur dans les organes de la défécation, mais seulement diminution dans les sécrétions folliculaires qui aident au dernier acte de cette fonction.

4° Toutes les sécrétions normales ou morbides tendaient à diminuer de quantité, comme on l'a vu dans les flux intestinaux, les blennorrhées, les leucorrhées, les otorrhées, les écoulemens de la muqueuse de Schneider. Si l'organe à la surface duquel ces fluides sécrétés s'épanchent, recevait une excitation trop grande, au lieu de se tarir, ils devenaient plus abondans.

Les sécrétions extérieures, comme celles des glandes meibomiennes, disparaissaient aussi ; les sécrétions accidentelles des ulcères fistuleux s'épaississaient avant de cesser entièrement.

Les sécrétions viscérales ne paraissaient pas offrir de ces modifications importantes qui fournissent matière aux applications pratiques. L'urine était souvent rouge, rarement abondante, comme dans le simple bain de rivière. Le raisonnement permet de penser que le foie a ralenti son action sécrétoire, comme le prouve la prédominance sanguine qu'acquiert l'économie, et la constipation, qui est l'état opposé du flux bilieux.

5° La diminution du volume du corps chez les femmes lymphatiques douées d'embonpoint, prouvait l'énergie qu'acquérait l'absorption interstitielle. D'autres preuves de ce genre étaient fournies par la rétraction des engorgemens chroniques des tonsilles, par la disparition des glandes lymphatiques internes et externes, par la résorption des œdèmes cellulaires chez les aménorrhéiques, enfin par la détuméfaction des parties molles des articulations malades.

6° L'exhalation cutanée augmentait dans ses proportions, reparaissait quand elle avait cessé, et se modérait ou se supprimait quand elle était habituellement exubérante. Ce dernier cas devint une fois l'occasion de quelques accidens. Cet afflux des liquides exhalés vers la périphérie fit disparaître les altérations légères de l'épiderme, telles que les écailles furfuracées, les squammes des cicatrices, etc.

L'absorption cutanée subissait-elle des modifications analogues après l'immersion répétée du corps dans l'eau de mer? Les effets primitifs de la température froide sur la surface de la peau, tendent évidemment à suspendre d'abord cette fonction aussi bien que l'exhalation. La faculté absorbante de l'enveloppe cutanée recouvre-t-elle quelque énergie après les phénomènes réactifs? C'est là une question qu'il est difficile de décider. Il faudrait une série d'expériences pour déterminer jusqu'à quel point l'absorption de la peau s'exerce sur le liquide ambiant, et d'autres expériences pour savoir autrement que par induction si, après le bain, cette absorption s'exalte dans une proportion équivalente à celle de l'exhalation.

Le raisonnement prouve que l'exhalation pulmonaire devenait plus active, pendant un certain temps du moins, à cause du reflux du sang vers les vaisseaux pulmonaires : phénomène qui, joint à la température et à la densité du liquide ambiant, produisait l'accélération des mouvemens respiratoires. Dans ces circonstances, la suractivité de l'exhalation pulmonaire, devenait pour l'organisme un moyen de réaction contre la soustraction du calorique que subissait la surface du corps.

7° La chaleur extérieure tombait sensiblement au jugement des sens de l'observateur, tandis qu'elle paraissait élevée d'après la sensation de celui qui s'était baigné. Les organes intérieurs ayant une température fixe, il n'est pas permis de supposer qu'elle ait subi des modifications analogues. Pourtant, il est entre la périphérie et les sensations internes, des actions congénères, corrélatives qu'il est journalier de constater par l'observation: c'est que sous le rapport de la calorification, comme sous celui de la sensibilité et des fonctions vasculaires, les divers états normaux ou anormaux de l'une se répètent plus ou moins dans les autres.

8° La circulation centrale était ralentie tandis que la circulation périphérique, la circulation des capillaires cutanés augmentait de vitesse. De ce dernier phénomène dépendait le développement de la vascularité du visage, l'injection de la conjonctive, l'aspect brillant de la cornée, la réapparition des hémorroïdes, le *molimen* menstruel ; et (ce qui était rare à observer) quand cette expansion superficielle du sang ne s'opérait pas, il y avait pâleur et décoloration de l'enveloppe cutanée, congestion, stase et activité du sang intérieur, et bientôt nécessité de s'arrêter dans l'usage des bains de mer.

Cette vascularité artificielle de la superficie et ce ralentissement de l'organe central de la circulation, combattaient avantageusement chez quelques individus sanguins les accidens qui leur étaient ordinaires et qui les rendaient tributaires de la saignée. Au lieu de la vultuosité et de la projection du sang vers la tête, on voyait leurs traits s'amaigrir et se décolorer sensiblement.

Ces phénomènes momentanés, quoique moins puissamment, neutralisaient aussi les congestions céphaliques, qui sont la conséquence ou la cause de divers états du cerveau. Ces mêmes phénomènes enfin, auxquels il faut ajouter l'eau salée agissant comme résolutif, rendaient raison de la curation prompte des congestions ou phlogoses locales de la périphérie, telles que les ophtalmies oculaires et palpébrales des scrophuleux.

Le sang n'était pas seulement modifié dans sa répartition, il l'était encore dans les diverses phénomènes de sa production, de son hématose enfin, sous le rapport de sa quantité, de ses caractères physiques et aussi de ses conditions vitales. L'action des bains de mer sous ce point de vue créait une sorte de tempérament sanguin, comme on le voyait dans la chlorose et dans l'anémie.

9° Quand le système nerveux de la vie organique dans sa généralité ou dans l'une de ses parties, était exalté par la douleur, et quand cette douleur ne coïncidait pas avec une altération de texture dans un organe, elle était calmée, comme on l'a vu dans les gastralgies : elle subissait alors les effets d'une véritable sédation. Elle pouvait augmenter, au contraire, ou se réveiller, quand elle était assoupie, si l'organe dans la contexture duquel entrait l'élément nerveux, était excité au-delà de certaines limites, soit par l'application irrationnelle de l'agent sédatif, soit par une lésion où se faisait actuellement un travail morbide de nature fluxionnaire, ainsi que le prouvaient les souffrances hystériques coïncidant avec un état fluxionnaire du col utérin.

Le système nerveux central de la vie animale échappait davantage à cette action sédative. Aussi ses fonctions étaient-elles sujettes à s'exalter, comme on l'a vu chez les enfans, en particulier pendant le sommeil de la nuit. Cette excitabilité se montrait encore, mais avec un mode avantageux du moins, chez les paraplégiques, où elle se manifestait par des secousses tétaniques aux membres. Mais les appareils superficiels de ce système étaient éminemment passibles de l'influence de l'agent sédatif, comme on l'a vu dans les névralgies de la face, de l'épicrâne, etc.

L'état moral présentait dans ses actes les mêmes phénomènes d'expansion qui caractérisaient l'état physique. Cette espèce de rayonnement de l'état moral, qui se traduisait au dehors sous la forme d'une expression de vie plus grande, pouvait aller jusqu'à l'excitation : celle-ci était exempte d'inconvénient.

10° Si la fibre musculaire qui est sous la dépendance des nerfs intérieurs était ralentie dans son action, celle qui était au service de la vie de relation recevait, au contraire, un sucroît de vie : dans la paralysie, les muscles sortaient de leur inertie ordinaire. Comme auxiliaires de certains actes de la vie organique, ceux-ci recouvraient la part d'action qu'une cause de débilitation leur avait fait perdre. Ex : les incontinences d'urine par relâchement du col vésical.

Les autres organes contractiles qui rentrent dans l'appareil de la vie extérieure, acquéraient aussi un degré d'action : tel était l'iris dans l'amaurose.

Les organes non musculaires, ni contractiles, récupéraient la tonicité nécessaire à l'accomplissement de leurs fonctions, comme on le voyait dans les lésions de position de l'utérus.

11° Les organes reproducteurs participaient à l'excitation générale, non-seulement par leurs phénomènes extérieurs, mais encore dans les actes les plus intimes de leurs fonctions.

§ III.

Coup-d'œil sur les élémens et le mode d'action de l'eau de mer.

Les conditions du *modus agendi* des bains de mer ne sont point inaccessibles à l'examen. Sans sortir des voies rigoureuses du raisonnement, on peut arriver à déterminer la plupart d'entre elles. La certitude des résultats qui peuvent être fournis par cette étude, provient à la fois de la connaissance exacte que nous avons des propriétés physiques et chimiques de l'eau de mer, et de son mode d'application à la surface du corps.

Si on voulait entreprendre cette tâche, on rechercherait quelle est l'action isolée de chacune de ces propriétés, des élémens chimiques, de la température, de la densité et des mouvemens de l'eau de mer; on constaterait la prédominance d'action des deux premières et on combinerait ces actions partielles pour s'élever de là à l'application des effets généraux et définitifs.

1° L'eau de mer a une température qui arrive rarement à la moitié de la température humaine. Cette température est la condition du froid, la cause de l'impression première qu'éprouve le baigneur, et qui s'accompagne d'une sorte de crispation des tissus extérieurs et de certains phénomènes de la vie intérieure. La propriété qui ressort de ce caractère de l'eau de mer, s'exerce la première sur lui, c'est le *froid* modifié différemment, selon qu'il est instantané, comme dans l'immersion et l'affusion totale et prompte, ou qu'il est lentement communiqué comme dans l'immersion progressive et partielle.

Le fait de l'impression du froid exprime un phénomène incontestable : l'agent qui en est le véhicule enlève, dès le moment et aussi long-temps qu'il s'exerce sur le corps, une plus ou moins grande quantité de calorique.

Cette soustraction du principe de la chaleur humaine, modérée et courte, comme dans l'occasion présente, a pour effet d'engourdir la sensibilité nerveuse de la périphérie ; de chasser le sang des organes superficiels et de suspendre les fonctions des exhalans cutanés.

La brièveté de durée étant la condition habituelle de ces pertes de calorique, l'organisme qui vient de les éprouver rentre sous l'empire des lois vitales : de là viennent les phénomènes de la réaction. La réaction n'est autre chose que l'exercice de cette faculté élastique que possède la vie en général et tout acte vital en particulier, de rentrer dans la voie normale, dont ils sont sortis par une cause prompte et surtout momentanée. Une circonstance de cette élasticité réactive, c'est qu'elle dépasse toujours le but qu'elle est destinée à remplir. Le sang reflue vers la circonférence avec plus d'abondance qu'il ne s'y trouvait à son point de départ et augmente tous les actes fonctionnels qui ressortent de lui : de là l'insensibilité de la surface cutanée à l'air extérieur, malgré la soustraction nouvelle de calorique opérée par l'évaporation de la couche humide qui la couvre, et plus tard sa sanguinité et sa perspiration surabondantes.

L'action nerveuse de la surface cutanée avait été paralyée par la soustraction du calorique. Que se passe-t-il alors que la perte de ce principe a cessé et que la vie déborde du centre à la circonférence? Est-ce que la sensibilité nerveuse se montre douée, dans ce cas, d'une faculté analogue à celle des systèmes vasculaire et exhalant ?

Quand le corps a cessé de perdre du calorique, voici ce qu'on observe sous ces deux rapports :

Les nerfs de la périphérie sortent en partie de leur stupeur, mais ils n'offrent rien qui ressemble à cette réactivité qui déborde dans les autres élémens organiques. Les phénomènes sédatifs, au contraire, se maintiennent, comme le prouvent à la fois l'espèce d'insensibilité que la surface cutanée offre au contact des corps extérieurs, et la disparition de l'élément *dou-*

leur dans les portions du système nerveux dont la sensibilité était exaltée jusqu'à la maladie.

Telle est la série des changemens qu'éprouve l'organisme sous l'influence de la température du bain de mer.

2° L'eau de mer, comme composé salin, agit sur la peau dès le commencement de son immersion, comme le prouvent les sensations de quelques individus ; mais le plus souvent son action n'est sensible pour celui qui l'éprouve et pour l'observateur, qu'au moment de la réaction. C'est alors seulement que les effets de l'eau salée se manifestent. La part qui leur revient dans les phénomènes réactifs est sans doute difficile à faire rigoureusement; mais on peut admettre, sans trop hasarder, qu'ils en augmentent l'intensité et la durée. Les picotemens, les cuissons et les caractères variés de chaleur qu'on voit se borner à une partie ou s'étendre à la totalité de la surface cutanée, leur appartiennent évidemment. Ils réclament encore la meilleure part de causalité dans ces éruptions qu'il est si commun d'observer chez les baigneurs, et on doit leur attribuer exclusivement ces modifications que subissent chez eux les produits exhalatoires de la peau, lesquelles donnent lieu à l'onctuosité de celle-ci chez les uns, et à sa rudesse chez les autres.

Quels sont les effets des élémens salins de l'eau de mer sur l'appareil nerveux de la peau? On a déjà vu ces effets marqués par des sensations particulières pendant le temps de la réaction, mais il est d'autres phénomènes moins immédiats qui en dépendent, tels sont: l'agitation du sommeil ou l'insomnie, l'excitation génitale, les crampes gastriques ou utérines, etc. Ces faits physiologiques sont les résultats naturels de l'action première, le plus souvent inaperçue, des principes salins de l'eau de mer sur les papilles cutanés. Ils ne sont que la mise en jeu d'une loi particulière aux fonctions de la sensibilité. En effet, des exemples journaliers établissent qu'une stimulation exercée sur l'appareil périphérique de l'innervation, est ressentie, comme un contre-coup, par les fonctions nerveuses des organes centraux, de ceux surtout qui y sont prédisposés par certaines conditions originelles ou acquises.

Telle est l'explication qui me semble la plus rationnelle, relativement à ce mode d'excitation générale qui est propre au bain de mer.

3° La densité du liquide salin a des effets bien moins puissans sur l'organe cutané que les élémens d'action qui viennent d'être étudiés. Son *modus agendi* est entièrement mécanique. Le corps plongé dans un milieu beaucoup plus dense que l'air, en est comprimé de toutes parts. On connaît ce qui se passe dans le cas d'une compression permanente d'une partie isolée. Il est impossible de méconnaître que des effets du même genre sont passagèrement produits par le seul fait de la densité du bain de mer. Le corps en sort aminci, non-seulement par la contraction de la peau, mais encore par l'effet du poids du liquide ambiant. Il arrive ici le phénomène inverse de celui qui serait produit, si on avait soustrait le corps entier à la compression atmosphérique. Que se passe-t-il par le fait de cette compression ? Les parties diminuent de volume, parce que les solides s'affaissent en vertu de leur compressibilité, et parce que les liquides sont repoussés des canaux vasculaires superficiels qui les contiennent ; les parties engorgées subissent les mêmes effets, celles qui sont molles à un degré beaucoup plus prononcé, et comme, en général, leur volume est dû surtout à l'accumulation des liquides, il arrive que l'effet de la compression sur ceux-ci doit être plus marquée. Aussi certains engorgemens sont amoindris d'une manière sensible après chaque bain. On conçoit l'action d'une compression même passagère sur les engorgemens : cette action leur enlève à chaque fois un de leurs élémens matériels, et ouvre ainsi une voie à la force médiatrice. Ainsi, le *modus agendi*, mécanique de la densité de l'eau de mer, se confond avec celui du froid pour diminuer le volume des membres et celui des parties engorgées et pour engourdir la sensibilité des nerfs superficiels, par une compression ménagée.

4° Les mouvemens de l'eau de mer s'exercent sur le corps d'une manière tout aussi mécanique que sa densité. Ils consistent en des percussions, des chocs, des frottemens, des secousses, dont les degrés d'intensité sont très-variés. Que se passe-t-il au moment où la surface du corps est soumise à l'action des vagues? En premier lieu, celles-ci, en renouvelant l'eau d'une manière incessante à la surface du corps, doivent favoriser la soustraction du calorique; en second lieu, il faut faire une grande distinction entre les effets de l'intensité la plus faible de cette action et ceux de son intensité la plus forte, et dans chacune de ces circonstances particulières, entre l'organisme simplement altéré dans son ensemble, ou faiblement troublé dans quelques-unes de ses fonctions intérieures, et l'organisme où des organes superficiels ou profonds sont gravement malades.

Les secousses trop fortes de la mer agissent à la manière d'un exercice trop violent sur les corps débilités ou trop jeunes, et leur causent un sentiment de lassitude qui peut aller jusqu'à la courbature. Par contre, elles sont applicables, dans quelques cas particuliers, aux corps robustes.

Les chocs trop violens développpent, en outre, de la douleur à la manière des lésions extérieures dans les parties profondément altérées dans leur texture ou déjà exaltées dans leur sensibilité.

Les percussions modérées sont un exercice salutaire: les muscles se contractent dans un degré proportionnel pour mettre le corps en état d'y résister sans être renversé. Cette condition du corps est une véritable et fructueuse gymnastique. Cet état des vagues est encore une sorte de massage pour les parties superficielles engorgées, et concourt à en engourdir la sensibilité ; comme les frictions humides, il sollicite les organes d'inhalation de la peau.

Ainsi, les mouvemens de l'eau de mer à un degré prononcé excitent la sensibilité nerveuse comme ses principes salins ; mais à un degré plus faible, ils agissent sur elles comme le froid, et relativement à l'augmentation des fonctions cutanées, son *modus agendi* ressemble à celui de tous les deux.

Telle est l'action isolée de chacune des propriétés physiques et chimiques des bains de mer.

A. On l'a vu, la température basse de la mer donne lieu à la contraction de certains tissus, à l'engourdissement de la sensibilité nerveuse, à la concentration des liquides à l'intérieur, et à la suspension de l'exhalation cutanée, et subséquemment aux phénomènes de la réaction, lesquels ne sont autre chose que le retour impétueux des liquides vers la périphérie, avec persistance des effets sédatifs qu'ont éprouvés les nerfs superficiels.

B. La composition saline de l'eau de mer agit obscurément au moment de sa première impression ; mais son mode d'action est d'accroître plus tard l'énergie et la durée de la faculté réactive, de servir à développer la variété des sensations et des éruptions cutanées qui accompagnent l'exercice de cette faculté, et d'exciter, par contre-coup, les fonctions nerveuses des organes les plus impressionables.

C. La densité amincit les solides en les comprimant, refoule mécaniquement les liquides, et engourdit la sensibilité des nerfs superficiels.

D. Les mouvemens produisent les effets de l'exercice et du massage, sollicitent l'absorption des parties voisines de la superficie, et engourdissent leur sensibilité.

Quelle est la résultante générale de ces actions répétées sur l'organisme et ses différens modes pathologiques, après le nombre de fois ou de bains qui composent une ou deux saisons ?

Trois effets principaux se manifestent constamment :

1º L'augmentation de la contractilité dans les parties qui sont susceptibles de l'exercer.

2º L'activité de l'assimilation, des absorptions interne et externe, et de l'exhalation cutanée.

3º La sédation des fonctions nerveuses, dans la plupart des cas, et leur excitation dans quelques circonstances particulières où cette excitation leur est dévolue déjà naturellement ou accidentellement.

Tous les phénomènes qui ressortent de la tonicité contractile imprimée aux organes par les bains de mer, dépendent de leur action réfrigérante et tonique.

Tous ceux qui signalent la sur-action des fonctions nutritives, l'exhalation des muqueuses exceptées, laquelle est diminuée et contrebalancée par la sur-action antagoniste de la peau, sont dus aux oscillations des liquides, et surtout du liquide sanguin, qui s'exercent de la périphérie au centre, *et vice versâ*. En effet, dans ces mouvemens alternatifs imprimés au sang dans des limitées données, les viscères, qui sont le siége d'une stase sanguine, doivent se débarrasser d'une partie du fluide, et les fonctions nutritives, surtout celles de la peau, qui s'exercent sur des matériaux fournis par lui, doivent acquérir un rhythme plus élevé et plus normal.

Cette activité de la circulation capillaire et des phénomènes fonctionnels qui en dépendent, rend raison de la plupart des effets hygiéniques et thérapeutiques qu'on observe après l'usage des bains de mer. C'est l'hyper-action assimilatrice qui modifie si puissamment la constitution originelle ou acquise (ασθενης, selon l'apellation si philosophique de la médecine grecque) des enfans débiles, atardés, étiolés, en proie à ces conditions organiques qui les prédisposent ou les ont menés déjà aux scrophules de toutes les formes, et au rachitisme de tous les degrés. C'est cette stimulation fonctionnelle qui fait réagir les individus anémiques contre les influences atmosphériques; qui entraîne, avec l'aide de la compression, la disparition des engorgemens de toutes sortes, en exaltant le rhythme de l'absorption interstitielle, laquelle s'augmente encore des effets du mouvement de l'eau de mer.

L'influence sédative des bains de mer sur le système nerveux s'explique par ces liens sympathiques qui existent entre l'appareil central des deux vies. Les cas où l'effet contraire à ce *modus agendi* se manifeste, est de beaucoup le plus rare, et provient souvent de ce que l'application du moyen de sédation a dépassé les limites rationnelles tracées par l'âge, la constitution ou la maladie des individus. Dans ces cas d'ailleurs, la récrudescence de l'élément *douleur* n'a pas de durée le plus souvent et fait place à la *sédation*. C'est là l'application de cette loi thérapeutique par laquelle un moyen d'excitation ajouté aux organes déjà souffrans, finit par atténuer leurs souffrances, en substituant une impression à une autre, en changeant leur mode de sentir.

La sédation du système nerveux est mise en évidence dans les névroses superficielles et profondes. Elle contribue pour sa part à faire réagir la peau des névropathiques contre les états de l'atmosphère, en lui enlevant de sa susceptibilité. Elle explique le ralentissement du cœur et de la circulation, que les mouvemens du sang capillaire semblerait devoir accélérer.

FIN.

TABLE.

Avant-propos.   v

Recherches sur l'usage et les effets des bains de mer.   1

PREMIÈRE PARTIE.

§ Ier. — Caractères physiques et chimiques de l'eau de mer.   3

§ II. — Différens modes d'administration de l'eau de mer.   5

§ III. — Circonstances principales de l'administration des bains de mer.   15

§ IV. — Effets physiologiques des bains de mer.   24

DEUXIÈME PARTIE.

§ Ier. — Effets hygiéniques et thérapeutiques des bains de mer.   35

§ II. — Effets hygiéniques et thérapeutiques des bains de mer sur les fonctions de l'organisme. 66

§ III. — Coup-d'œil sur les élémens et le mode d'action des bains de mer. 72

FIN DE LA TABLE.

www.ingramcontent.com/pod-product-compliance
Lightning Source LLC
LaVergne TN
LVHW020159100426
835512LV00035BA/1306